獻給孩子們的禮物

世界上最幸福的孩子，是他們一出生就有機會接近故事書，想想看，那些書中的人物，不論古今中外都來到了眼前，與他們相識，不僅分享了各個人物生活中的點滴，孩子們的想像力也隨著書中的故事情節飛翔。

不論世界如何演變，科技如何發達，孩子一世幸福的起源，仍然來自於父母的影響，如果每一個孩子都能從小在父母親的懷抱中，傾聽故事，共享閱讀之樂，長大後養成了閱讀習慣，這將是一生中享用不盡的財富。

三民書局的劉振強董事長，想必也是一位深信讀書是人生最大財富的人，在讀書人口往下滑落的多元化時代，他仍然堅信讀書的重要，近年來，更不計成本，連續出版了特別為孩子們策劃的兒童文學叢書，從「文學家」、「藝術家」、「音樂家」、「影響世界的人」系列到「童話小天地」、「第一次」系列，至今已出版了近百本，這僅是由筆者主編出版的部分叢書而已，若包括其他兒童詩集及套書，三民書局已出版不下千百種的兒童讀物。

劉董事長也時常感念著，在他困苦貧窮的青

世紀人物100

吟詩的劇神

莎士比亞

張純瑛　著

三民書局

少年時期，是書使他堅強向上，在社會普遍困苦，而生活簡陋的年代，也是書成了他最好的良伴，他希望在他的有生之年，分享這份資產，讓下一代可以充分使用，讓親子共讀的親情，源遠流長。

「世紀人物100」系列早就在他的關切中構思著，希望能出版孩子們喜歡而且一生難忘的好書。近年來筆者放下一切寫作，接下這份主編重任，並結合海內外有心兒童文學的作者共同為下一代效力，正是感動於劉董事長致力文化大業的真誠之心，更欣喜許多志同道合的朋友，能與我一起為孩子們寫書。

「世紀人物100」系列規劃出版一百位人物故事，中外各占五十人，包括了在歷史上有關文學、藝術、人文、政治與科學等各行各業有貢獻的人物故事，邀請國內外兒童文學領域專業的學者、作家同心協力編寫，費時多年，分梯次出版。在越來越多元化的世界中，每個人都有各自的才華與潛力，每個朝代也都有其可歌可泣的故事，但是在故事背後所具有的一個共同點，就是每個傳主在困苦中不屈不撓，令人難忘的經歷，這些經歷經由各作者用心博覽有關資料，再三推敲求證，再以文學之筆，寫出了有趣而感人的故事。

西諺有云：「世界因有各式各樣不同的人群，才更加多采多姿。」這套書就是以「人」的故事為主旨，不刻意美化傳主，以每一位傳主的生活經歷為主軸，深入描寫他們成長的環境、家庭教育與童年生活，深入探索是什麼因素造成了他們與眾不同？是什麼

力量驅動了他們鍥而不捨的毅力？以日常生活中的小故事，來描繪出這些人物，為什麼能使夢想成真。為了引起小讀者的興趣，特別著重在各傳主的童年生活描述，希望能引起共鳴。尤其在閱讀這些作品時，能於心領神會中得到靈感。

和一般從外文翻譯出來的偉人傳記所不同的是，此套書的特色是，由熟悉兒童文學又關心教育的作者用心收集資料，用有趣的故事，融入知識，並以文學之筆，深入淺出寫出適合小朋友與大朋友閱讀的人物傳記。在探討每位人物的內在心理因素之餘，也希望讀者從閱讀中，能激勵出個人內在的潛力和夢想。我相信每個孩子在年少時都會發呆做夢，在他們發呆和做夢的同時，書是他們最私密的好友，在閱讀中，沒有批判和譏諷，卻可隨書中的主人翁，海闊天空一起遨遊，或狂想或計劃，而成為心靈知交，不僅留下年少時，從閱讀中得到的神交良伴（一個回憶），如果能兩代共讀，讀後一起討論，綿綿相傳，留下共同回憶，何嘗不是一幅幸福的親子圖？

2006 年，我們升格成為祖字輩，有一位朋友提了滿滿兩袋的童書相送，一袋給新科父母，一袋給我們。老友是美國國家科學院院士，曾擔任過全美閱讀評估諮議委員，也是一位慈愛的好爺爺，深信閱讀對人生的重要。他很感性的說：「不要以為娃娃聽不懂故事，我的孫兒們一出生就聽我們唸故事書，長大後不僅愛讀書而且想像力豐富，尤其是文字表達能力特別強。」我完全同意，並欣然接受那兩袋最珍貴的禮物。

因為我們同樣都是愛讀書、也深得讀書之樂的人。

謹以此套「世紀人物100」叢書送給所有愛讀書的孩子和家庭，以及我們的孫兒——石開文，他們都是世界上最幸福的孩子，因為從小有書為伴，與愛同行。

幾年前，我為三民書局的「兒童文學叢書」撰寫《吹奏魔笛的天使——音樂神童莫札特》時，面臨的最大難題是，如何以八千字完整寫出莫札特的一生。

莫札特是神童，六歲多就遠近知名，他從小巡迴歐洲演奏，留下許多有趣的故事。他和父親都喜歡寫信，流傳下來的信件告訴我們莫札特的遭遇和個性。八千字的框架逼我刪掉不少資料。

寫莎士比亞的傳記，面對的是完全相反的難題。我有四萬字可以發揮，然而，關於莎士比亞的紀錄卻少得可憐。

我們只知道莎士比亞的生、死、結婚時間，他的父母、弟妹、妻子、兒女名字，以及別人偶而提到他的文字紀錄。所以四百年來，無數的猜測試圖為這位舉世敬仰的劇作家，勾畫出一幅完整的人生圖像。

許多猜測，如同瞎子摸象一般片面可笑。譬如說，莎士比亞十八歲結婚，有人在他二十八歲那年提到他在倫敦演戲，中間十年，他到底做了什麼工作？他的父親開手套店，有人說他做過手套師傅；人們又根據他在戲劇裡面對某些行業的描述，猜他當過屠夫、老師、水手、律師等。又有人編造故事，說他偷了附近貴族的鹿肉和兔子，被毆打、囚禁，只好逃離家鄉。

有人猜測他是在二十三歲那年前往倫敦發展，因為他在《冬天的故事》裡說，一個人在十到二十三歲期間，就是泡妞、跟老人唱反調、偷竊、打架。為什麼是二十三而不是二十五、三十等整數呢？這個數字是不是反映莎士比亞的親身經歷？

　　莎士比亞傳世的劇本有三十六齣，實際上他寫的劇本更多。我覺得，把劇本裡的人物描述和莎士比亞的實際人生畫上等號，是不科學的作法。他沒有當過一天國王，卻可以寫出許許多多國王的故事；他也不需要做過將軍，才能描寫戰爭的場面。

　　寫這本書，我參考了三本莎士比亞傳記，選擇出比較合理的描述。為了增加閱讀趣味，我加進一些對話以及創造哈利・魯賓遜這個莎士比亞前往倫敦路上同行的虛構人物，透過他的口解說莎士比亞的時代背景和英國戲劇的起源及演變。

　　曾為史傳吉爵士劇團工作的亞歷山大・修夫敦在遺囑裡提到演員莎士比亞，是記載莎士比亞在倫敦演戲的第一份文件。那年，他二十八歲。在此之前莎士比亞的倫敦經歷並無文獻記載，我因此以哈利介紹莎士比亞進入史傳吉劇團銜接故事進展。除了以有限的史料為莎士比亞寫真，我也把四分之一篇幅用來介紹他的劇本與詩。中國人比較熟悉莎士比亞的戲劇成就，其實他不凡的詩人天賦，也是他的戲劇成功的一個因素，他的戲詞本身就是一首首精緻的詩。他的詩，尤其是十四行詩，在西方享有很高的評價。

　　翻譯莎士比亞的十四行詩和某些劇本的臺詞

時，我儘量做到配合原文的行數押韻。如果原文的第一、三行最後的字同韻（韻腳），第二、四行同韻腳，我翻譯成中文時也做到這一點。讀者可以大聲朗誦，來體會這些詩與臺詞的音樂性。原文不押韻的臺詞，我就沒有刻意押韻。

我根據莎翁的一套英文作品全集 "*The Complete Works of Shakespeare*" (Edited by G. B. Harrison) 翻譯莎士比亞的臺詞與詩作。而書名翻譯多數採用現在較為通行的譯名。

希望這本書能為年輕的朋友們，打開一扇認識莎士比亞戲劇與詩作的門，讓大家去讀他的作品，享受如詩如畫的莎士比亞傳奇世界。

寫書的人

張純瑛

從小喜歡看書、作夢，然後把夢寫在紙上。大學念的是臺灣大學外文系，天天與小說和詩歌作伴。到美國後雖然改讀電腦，一直做程式設計的工作，但是工作、家事外的時間，仍然花在看書、作夢和寫夢上。文學讓她的夢更美，更充沛。

她在寫夢上的成績得到六項文學獎的肯定。散文集《情悟，天地寬》，得到民國九十年華文著述獎散文類第一名。極短篇小說與旅行文學也得過五項獎。她還把印度詩人泰戈爾美麗的英詩《漂鳥集》譯成中文。2003 年出版了她的第一本童書《吹奏魔笛的天使——音樂神童莫札特》。2006 出版了散文集《天涯何處無芳菲》。

吟詩的劇神

莎士比亞

莎士比亞

1564～1616

1 離開家鄉去尋夢

天色剛剛透亮，一彎殘月俯視著緩緩流動的雅芳河。清晨的薄霧像乳色的毯子，輕柔覆蓋著岸邊的史特拉福小鎮。鎮上多數人還在沉睡，莎士比亞一家已經起身，裡裡外外忙碌著，為即將要去倫敦的大兒子威廉做最後的準備。

大家心裡都充滿了複雜的滋味。九十英里外的倫敦，在以馬車代步的年頭，是那麼的遙遠；而且對在小鎮長大的威廉‧莎士比亞來說，鄉下孩子的單純能夠應付大城市的光怪陸離嗎？

父親約翰這幾年不太順利，財務上出了些問題，賣掉了一些產業。他替弟弟的債務做擔保，結果被告進法院。多年來在政壇上相當活躍的約翰，也許是因為

債務煩心，已經很久沒有出席議會，而被停止議員職務。他多希望大兒子威廉留在鎮上，幫他照顧手套店的生意。

母親瑪麗望著二十三歲，長得英俊挺拔的兒子，不由得感慨萬千。在莎士比亞出生前，她生的兩個女兒還在襁褓時便夭折。除了莎士比亞，她後來又生了二女三男，其中的安八歲就得病死了。她知道養大一個孩子很不容易，即使莎士比亞已做了父親，有三個子女，但在她眼中仍然是個大孩子。她真不放心讓最疼愛的長子，一個人跑去遙遠的倫敦求發展。

妻子安更是不開心。他們結婚才五年，大女兒蘇珊娜四歲，小女兒茱蒂絲和兒子漢姆奈特是一對雙胞胎，都不過兩歲大，莎士比亞去倫敦後，孩子就不容易見到父親了。可是，丈夫的心意

已經決定，沒有人能夠勸阻他。

於是，他們一家老少，只有依依不捨的替莎士比亞把行李搬上馬車，與他擁別，千叮嚀，萬叮嚀：「常寫信來喔！」「路上小心啊！」「想回家就回家吧！不要不好意思。」

他不斷的點頭，強忍住不讓眼淚滴下來。但是，話別必須結束，馬車必須上路，莎士比亞回頭看著為他送行的家人一字排開：父親、母親、妻子、二十一歲的大弟吉爾伯特，十八歲的妹妹瓊，十三歲的二弟理察，和八歲的幼弟愛德蒙，他揮著手，眼淚忍不住簌簌的流了下來。

這些都是他摯愛的家人；然而，他最掛念的三個孩子，還留在屋裡睡覺。他告訴妻子不要吵醒他們：「看！他們的小臉多麼安詳，正在做美夢呢！」他真捨不得把目光移開。

「孩子們，請原諒你們的爸爸，不能再留在你們身邊，他就要前往倫敦，去追尋一個從小就有的美夢。」馬車上的莎士比亞，在心底喃喃低語。

記不清楚是哪一年，父親第一次帶他去看巡迴劇團的話劇，他就深深愛上了戲劇中迷人的世界。他想不出還有什麼職業比演戲更變化萬千。一個平凡得像左鄰右舍的人，一穿上五顏六色的戲服，化上稀奇古怪的妝，戴起或長或短的假髮，站到舞臺中央，不用開口，他就變成完全不同的人。他可以化身為上帝、天使，也可以做惡魔、壞蛋；他可以是皇帝或英雄，也可以做僕人或小丑；他忽男忽女，時老時少……啊！平常人只能活一生，一輩子只能有一種身分，演員卻可以活好幾生，體會各種各樣的身分。

　　他更崇拜那些編劇本的人，只有他們，才能讓國王變成流浪漢，讓愛情發生在兩個不可能相愛的人之間。鎮上每年有兩、三個巡迴劇團來演出，他每次看完戲，總會沉浸在劇情中好幾個月。他甚至會想像如何改變劇情，加添人物，讓更動以後的情節更精彩。

　　今年來了五個劇團，為生活平淡如白水的小鎮掀起一波又一波的看戲熱潮，莎士比亞的心情亢奮到了極點。如果說看戲的是傻子，演戲的是瘋子，那麼，莎士比亞對戲劇的熱情已經超過了戲迷的痴傻，而沸騰到演戲、編劇的瘋狂。一個劇團都沒有的史特拉福鎮，再也不能滿足他的一腔熱情，莎士比亞感受到有一股磁力來自倫敦，吸引他前去投奔，那股力量是那麼強烈巨大，無法抵抗，儘管倫敦是一個完全陌生

7

的大城市，儘管他的家人都住在小鎮。

　　馬車不急不緩的往前奔跑，很快的將家人拋出視線之外。他轉過頭，放下揮動的手，拂去臉上的淚珠，輕輕唸著：「倫敦，我來尋夢了！」

2 回顧家園

　　馬車載著莎士比亞穿過大街小巷，好像在對他從小生長的小鎮告別，象徵人生即將展開新的一頁。

　　1564 年 4 月 23 日，莎士比亞出生在雅芳河畔的史特拉福小鎮。三天後，父母抱他到教會受洗，教會因此留存了他的受洗紀錄。小鎮雖然依傍著溫柔澄澈的雅芳河，但是景致並不比其他鄉鎮特殊。兩千多口人有的種田，有的做手工，也有些經商，就像莎士比亞的祖父和父親。

　　祖父理察在附近村落耕種。他生了兩個兒子，小兒子亨利始終種田為生，大兒子約翰搬來史特拉福，做了手套師傅。他的生意很好，賺的錢買了兩棟房子。

　　約翰娶了青梅竹馬的玩伴瑪

麗‧奧登。瑪麗的父親是附近鄉下很有名望的紳士，把田租給約翰的父親耕種。奧登家族有很多房子和土地，瑪麗只是八個女兒中最小的一個，還是得到豐富的嫁妝——兩筆廣大的土地和娘家房子的部分產權。

富裕的約翰和瑪麗，住在亨利街上的一棟大房子裡，就只差一群孩子。六年內，連續失去兩個女嬰，當他們得到一個男嬰時，可以想像他倆有多麼快樂！這個男嬰被取名為威廉，就是後來的大劇作家莎士比亞。約翰那時並沒有想到，兒子會走上和父親、祖父都不一樣的路。

有了妻兒、房子，手套店的生意興隆，約翰對政治也很熱中。早在莎士比亞出生前七年，約翰就當選為初等鎮議員，後來又出任鎮上的財務總管。莎士比亞一歲時，約翰升級為高等鎮議

員，三年後當選鎮長。

　　莎士比亞七歲時，開始在鎮上唯一的學校上學，一直到十五、六歲畢業。當時英國的學校教育除了英文，還教導拉丁文、《聖經》與希臘羅馬的古典文學，包括戲劇，這些科目都為莎士比亞打下紮實的寫作基礎。但他並不是神童型的學生，學校因此沒有留下關於莎士比亞的任何紀錄。

　　倒是有紀錄顯示，莎士比亞讀書期間，學校裡有兩位老師是畢業於牛津大學的碩士，他們的學問為小鎮男孩打開了面對文學、歷史的大窗。

　　畢業後，莎士比亞幫忙父親照顧手套生意。十八歲那年，他娶了比他大八歲的安・海薩威。婚後三年內，他們有了三個孩子，看樣子，莎士比亞將會像他的父親一樣，生一群兒女，在小

鎮史特拉福做一輩子生意人。

「不，這不是我要的人生。」他在心底大喊。馬車馳過小鎮前往倫敦必須經過的唯一橋梁——克洛普頓橋。馬蹄聲多麼清脆，彷彿在大地上敲打出一串悅耳的音符。橋下雅芳河的水，毫不猶豫的奔向前方。

3 時代背景

不知道走了多久，太陽已經爬到天中央，馬車在路旁的一個小村落停了下來，接上另外一個乘客。

那是一個稍微發胖的中年人，頭禿得油光發亮，紅棕色的絡腮鬍卻茂盛得像一堆亂草。「把鬍鬚往上移幾吋就好了！」莎士比亞在心底偷笑。

那人費勁的爬上馬車，好不容易把皮箱和身子安置妥當，就轉過頭對莎士比亞微笑，並且伸出手說道：「你好！你好！我是哈利‧魯賓遜，在倫敦開客棧，這次回來參加姪女的婚禮。」

「我是威廉‧莎士比亞，史特拉福人，想到倫敦找工作。倫敦現在的情況好嗎？」

「問到倫敦，你可是找對人

了！還有誰比我哈利知道更多的八卦？客棧來來往往的客人是最好的消息來源。」哈利得意得鬍子都一根根翹起：「今年，1587年，是我們英明的女皇伊麗莎白在位的第二十九年。在她用心統治下，英國越來越富裕安康。不過，未來的一年內是關鍵期，決定今後我們英國的命運是興盛還是衰敗。」

「怎麼說？」莎士比亞不由得豎起了耳朵。

「你知道今年2月，女皇處決了表妹蘇格蘭女皇瑪麗嗎？」

「我聽說了。瑪麗謀殺丈夫，逃到英國，遭到軟禁有十多年了，為什麼這次要殺她？」

「本來女皇顧念表姐妹關係，一直狠不下心除掉她。但瑪麗實在是讓女皇頭疼的人物。這得從女皇的父親亨利八世說起。我國原來信奉天主教，宗教上受

羅馬教皇管轄，國王的許多事必須得到教皇批准。

「亨利八世和第一位妻子凱薩琳結婚二十四年，只生了一個女兒，也叫做瑪麗。他一直盼望有個兒子繼承王位，便想離婚再娶。教皇克理蒙七世不同意，惹火了亨利八世，於是亨利八世宣布成立新的教派──英國國教，脫離羅馬教廷控制。從此，亨利八世的婚姻不再有人管束，他一輩子先後娶了六位皇后，共生了一子二女。但是有些天主教徒不願改變為英國國教信徒，兩派教會爭執得很激烈。

「亨利八世死後，繼位的兒子愛德華六世只做了六年國王就去世，由亨利八世的大女兒瑪麗登基。她是天主教徒，一上臺就開始修理對手，在位五年燒死三百多個英國國教教徒，得到『血腥瑪麗』的惡名。她與西班牙王

子菲利普二世結婚，但沒生育兒女就得病死了。

「同父異母的妹妹伊麗莎白繼位。女皇信奉英國國教，讓天主教會很不安心。多年來，有些天主教貴族再三密謀推翻女皇，都沒有成功。天主教勢力只有把希望放在被關的蘇格蘭女皇瑪麗身上，她是天主教徒。沒有結婚也沒孩子的伊麗莎白女皇，法定的繼位人就是瑪麗。」

「那麼，女皇為什麼不結婚呢？」莎士比亞早就知道這些歷史，只是尊重哈利，沒有打斷他的談興，但是他真的很想了解女皇不出嫁的原因。

「登基時，女皇才二十四歲。當時國家不但貧窮，而且內憂外患交加，真教人為年輕的女皇捏一把冷汗。國內有教派紛爭，國外有西班牙的虎視眈眈。曾經娶血腥瑪麗為妻的菲利普二

世，後來回到西班牙做國王，他野心很大，積極發展海上勢力，英國是他侵略的目標之一。女皇差一點為了政治原因，嫁給她的姐夫菲利普二世。歐洲皇家血統互相匹配是婚姻最好的選擇。然而聰明的女皇經過考慮，寧願單身，她不能忍受與異國皇室結婚，影響國家的主權獨立。何況，女皇還深愛著一個人。」

「誰？」莎士比亞非常好奇。

「萊斯特伯爵羅伯特‧達德利。可惜女皇不能嫁給心愛的男子，因為杜德利的名聲太壞，謠傳他殺害了第一任妻子。但是沒有其他男子能夠打動女皇芳心，所以她一直沒有結婚，這可急煞了輔政的首相威廉‧西索。

「『陛下需要子女繼承王位啊！』忠心耿耿的西索不止一次向女皇提出諫言：『別忘記陛下的繼承人是天主教徒瑪麗女皇，她如

果接替陛下王位，英國國教恐怕又要受到壓制。』」

「可是女皇不願意為了生育而嫁給她不愛的男子，一直獨身到現在，今年已經五十三歲了。」

「哎，多可惜，最有權勢的女皇竟不能與深愛的人結婚。」情感豐富的莎士比亞不禁長嘆。

「他們只是沒有名分，不能生養子女，但是兩人仍然常常見面，如同夫妻。現在，讓我再回到原先的談話。今年2月，一批天主教徒密謀與西班牙國王菲利普二世合作，殺死女皇，擁護瑪麗登基。他們的陰謀被發現，忍無可忍的女皇終於下定決心處決瑪麗。」

「你說未來一年關鍵期指的是什麼呢?」莎士比亞問道。

「同樣信奉天主教的西班牙國王，並不因為瑪麗被處死而放棄染指我國的野心。他下令打造

戰船，準備一年內進攻英國。如果我國不能擊退西班牙，國家就滅亡了。如果戰勝西班牙，女皇解除瑪麗與西班牙侵略兩個後顧之憂，今後更可以把心力用在治國上，英國國勢必將蒸蒸日上。」

 # 倫敦急需劇作家

　　「聆君一席話，勝讀十年書。」莎士比亞誠心讚美道。

　　「謝謝，謝謝。」哈利高興的拍著莎士比亞的肩膀：「小老弟，你想去倫敦找什麼樣的工作呢？」

　　莎士比亞兩頰飛紅，輕聲說：「我……我……我想去演戲。」

　　「啊！哈哈哈哈哈！」嗓門本來就大的哈利笑起來更像打雷，讓身旁的鄉下青年羞得想鑽入地洞，有這麼可笑嗎？

　　「你找對人嘍！」哈利用力拍打莎士比亞的背，差一點把他推下馬車：「我的客棧裡，有時候會有劇團來演戲，我可以為你介紹。這是一個前景很好的行業，人總喜歡看戲，不是嗎？」

　　「是的，早在西元前四、五百年，古希臘人就寫出非常有深

度，又能感動人心的悲劇，像索佛克理斯、歐里庇得斯、阿理斯托芬等偉大的劇作家，都是我敬仰的偶像。」莎士比亞快樂的說，沒想到旅途上遇到一個跟劇團有關係的人：「可惜從 5 世紀到 15 世紀，所謂的中古世紀，從歐洲大陸到英國，天主教會勢力籠罩大地，人的生老病死全由教會管轄，所有的異教文化全被壓制，希臘悲劇不再為人所知，這一千年真是人家說的黑暗時期。」

「不過在中古世紀，人們還是有戲可看，叫做神蹟劇，演的都是《聖經》故事或聖靈顯現奇蹟的傳說。」哈利接口說：「一二十年前，我們還可以看到神蹟劇。」

「是啊！我很小的時候看過幾次，在活動的戲臺上演出。」

「在比較大的城鎮，有固定的圓形劇場，觀眾席沿牆而建，有好幾層階梯當座位。舞臺在中

間，它的四方安置了幾個帆布帳幕，每一個帳幕代表不同的場所：北邊的代表地獄，東邊的是天堂，上帝的寶座放在一個高出舞臺的木頭小屋裡，有階梯可登。演員在帳幕裡等著，演天使的和演魔鬼的待在不同的帳幕內，輪到出場時才走到舞臺中演出，演完後又鑽回帳幕。」

「是的，是的，就是這樣，好好玩啊！」兩人不由得哈哈大笑。

「不過，我小時候看的神蹟劇，在當時就已經沒落了。14世紀興起於佛羅倫斯的文藝復興運動，打破天主教對文化的高壓壟斷，歐洲人回頭接受古希臘、羅馬的哲學、文學、藝術、戲劇，那些作品以人為中心，就是所謂的人本思想，而不是奉宗教為第一的神本思想。從此以後，創作文藝的人不再把題材限制在天堂

與地獄，他們更關心的是人活在世界上的故事。」莎士比亞說得口沫橫飛，臉上泛著興奮的光彩。

「但是在我們英國，神蹟劇沒落後，接著興起的短劇並沒有什麼了不起的，像你剛才說的那所謂的古希臘悲劇精神，其中一半是馬戲團式的雜耍啊！那時候的演員也被看做無賴或浪人，有些也的確是，他們懂什麼人本神本？」

「沒錯，」莎士比亞耐心解釋：「那是因為知識分子不屑參與戲劇。在我出生前幾年，情勢漸漸改變。先是牛津大學和伊頓中學這些有名望的學校裡，學生們在校內演出拉丁語的話劇；學者也開始模仿古典劇作家創作喜劇和悲劇給學生們演，學生們還到宮裡表演給女皇陛下欣賞呢！」

「這段時期，」莎士比亞繼續說：「我們有了英國第一部喜劇

《拉爾夫‧羅伊斯特‧多伊斯特》，和第一部悲劇《高布達克》，後者的對白是以不押韻的詩寫成的。兩齣戲的結構都依照希臘古典劇本的格式，比那些散漫無厘頭的短劇精緻多了。」

　　哈利不敢相信的望著身旁的鄉下青年：「沒有想到你生長在史特拉福這個鳥不生蛋的小地方，年紀又那麼輕，居然懂得不少。」

　　莎士比亞臉又是一紅，聲音不禁低了下來：「幾個月前我去看戲，旁邊坐著一個牛津來的學生，這些都是他告訴我的。」牛津大學在前往倫敦的路上，離史特拉福有四十英里。

　　「對，我住在倫敦三十多年了，真的感受到戲劇一天天在進步。」哈利說：「第一，官方承認演戲是一種合法職業，演員不再被認為是下流戲子。」

　　「第二，新的戲院陸續蓋了

起來。中古世紀的圓形劇場老舊又小，早已不合時代需要。客棧的大廳一度成為演戲的場所，但也不夠理想。十一年前，有一個演員詹姆士・柏比紀，不能忍受倫敦沒有一個適合演戲的場地，決定蓋一座新式劇場，名字就叫做大戲院。它可以說是我國第一個公共劇場，結合了中古世紀劇場與客棧大廳的特色，圓形劇場的周圍有三層觀眾席，中間是高起的舞臺。大戲院很受倫敦人歡迎，一年內，它就有了競爭者——一座叫帷幕的劇院也蓋好了。最近，第三家叫玫瑰劇院的正在興建中。」

「那你的客棧……」莎士比亞不曉得該怎麼說才不傷哈利的自尊心。

「你是說，劇團不再到客棧演戲？是啊，大的劇團都到那兩家劇院去了，不過還有一些小戲

班偶爾會在客棧演出。第三個對戲劇有利的因素是……你猜猜看是什麼！」

莎士比亞咬著手指甲苦苦想著，忽然叫起來：「是不是規定每個市民都得去看戲？」

「哈哈哈！那倒不是，但也差不多啦！那就是女皇和許多貴族都是戲迷，常常召請劇團去做私人演出，他們還出面支持各劇團，使劇團不受到騷擾。」

「什麼搔擾？」莎士比亞以為人人都愛看戲，無法想像誰會去騷擾劇團。

「某些地方的議會由清教徒組成，這種教派的信徒非常嚴肅，最討厭劇團，覺得傷風敗俗，除非演出神蹟劇，否則他們會禁止劇團到當地表演。如果一個劇團得到某貴族的支持，他會寫一封信交給劇團帶著巡迴演出，就沒有市議會敢阻止他們

了。」

哈利繼續說：「最有威力的劇團支持人是女皇。今天倫敦最棒的劇團就被稱為女皇劇團，網羅了英國最好的十二位演員。女皇也喜歡看她的男童合唱團演出文雅音樂劇，認為比大人演員自然可愛。男童合唱團的指揮受到鼓勵，就租了一處場地，表演給民眾看。聖保羅大教堂的合唱團也學樣，成立了一個小小劇場。女皇的男朋友黎塞斯特伯爵，也支持另一個劇團。」

拿起牛皮袋灌了半袋水，哈利抹抹嘴繼續說：「現在的倫敦，演員、戲院、觀眾都不缺，就缺一樣，你知道是什麼嗎？」

莎士比亞搖搖頭。

「劇本！觀眾期待看新的、好看的故事⋯⋯」

接下去哈利到底說了什麼，都像陣陣微風拂過耳邊，沒能進

入莎士比亞腦裡，因為他已陷入沉思。他不敢相信，上天似乎做好完善安排，正等著他抵達倫敦，為英國戲劇寫出輝煌的新紀元。

5

加入劇團

　　有哈利這個老倫敦作伴，不但旅途不覺無聊，而且進了十五萬人口，面積比史特拉福大上一百倍的倫敦城，莎士比亞也不覺得惶恐了。

　　第二天，哈利果然將他介紹到史傳吉爵士劇團做演員，支持這個劇團的貴族是史傳吉爵士。莎士比亞曾經在家鄉看過他們演戲。

　　團主亞歷山大·修夫敦有一對老鷹般的銳利眼神，他上下打量著莎士比亞，然後冷冷的說：「每個劇團裡有三種演員：最上層的演員大概有八個左右，他們拿錢投資劇團，劇團賺的錢由他們照投資比例分享。第二種演員是兩、三個男孩學徒，扮演女性。你知道的，社會風氣不允許

女人拋頭露面上臺演戲，只有找還沒變聲的男孩，利用他們尖細的嗓音，飾演女人。第三種是擔任配角或跑龍套的演員。」＊

他繼續說：「你已經是個大人了，不能演女孩，就只有當第三種演員，錢不多，角色不重要，你願意嗎？」

莎士比亞拚命點頭，就怕團主不肯收他。

「那好，待會我們排戲，你就加入吧。」

進了劇團，莎士比亞才了解到演戲是多麼辛苦的職業。在臺上正式演出固然不輕鬆，必須化妝，戴假髮，穿上戲服；不演出的時候，他們也要常常排練新

放大鏡 ＊修夫敦去世時，在遺囑中交代，把戲服和樂器留給弟弟湯瑪士，條件是他必須好好照顧跟隨修夫敦的兩個演員，一個就是莎士比亞。這是記載莎士比亞在倫敦演戲的第一份文件。那年，他二十八歲。

戲。每兩個禮拜，就得推出一齣新戲，一年到頭幾乎都在背臺詞。

春天，他們在劇院表演。涼爽乾燥的英國夏天最適合戶外活動，劇團離開倫敦，到各地鄉鎮巡迴演出。樹葉變紅，北雁南飛的秋日，他們也回到倫敦劇院。大約在12月左右，劇團轉移到客棧，在那裡排練新戲，準備聖誕節與新年期間到宮廷，在女皇面前表演。此外，一年到頭，經常有貴族邀請他們去家裡演出。

莎士比亞在劇團的地位最低，還必須做搬道具等雜活。這種忙碌奔波的生活，和家鄉手套店慢吞吞的步調有天壤之別；然而，莎士比亞忙得十分開心。他終於實現心願，在舞臺上體驗不同的角色。更讓他驚喜的是，他結交了社會各階層的朋友，見識了販夫走卒和貴族皇家不同的生

活環境。

他沒有想到皇家的宮殿和貴族的城堡是那麼的富麗堂皇，擺飾器物是那麼的精巧細緻。他第一次在伊麗莎白女皇御前表演時，緊張得幾乎昏倒。那時西班牙入侵的戰船已被擊沉，女皇的寶座穩如泰山，她有一股懾人的威儀。還好，女皇一看起戲，也像老百姓一樣專心，讓他越演越自然。女皇給他們的賞賜總是很豐盛。

女皇的男友萊斯特伯爵已經去世了，陪在女皇身邊的是他的繼子埃塞克斯伯爵，一個年輕的帥哥呢！

每次出入宮廷與城堡，莎士比亞的心就飽漲得好滿，一波波靈感在胸臆中翻騰，原來就很喜歡讀歷史的他，現在最想寫一齣歷史宮闈戲，描述帝王的一生。

6 惹人妒嫉的劇作家

　　倫敦的劇團很多，競爭很激烈。為了吸引觀眾，劇團常常得推出新戲；可惜能夠編劇的人太少了，編出好看劇本的更少，有時候劇團只好修改舊戲。

　　莎士比亞進劇團後，在一個偶然情況下，修改了一齣戲的劇情，效果不錯，使團主刮目相看，常常叫他修改老劇本，後來甚至讓他編起新戲。莎士比亞編的劇本很受觀眾歡迎，為劇團賺了不少錢。團主開始了解到，這個鄉下來的青年，可能是上天賜給他們的禮物，他替莎士比亞加薪，邀請他投資劇團，讓他分紅，大大提高了莎士比亞在劇團的地位。

　　史傳吉爵士劇團的規模比較小，演出的戲碼受到限制。後

35

來，莎士比亞和劇團的一些好友轉換到規模較大的另一個劇團。

有一天，一位朋友來找莎士比亞，要他看一篇文章:「學院派菁英的葛林被你氣瘋了！你看這段話，他罵你罵得好凶。」

「學院派菁英」，指的是當時活躍在倫敦文藝界的幾位作家，他們出身頂尖大學，包括牛津畢業的約翰‧賴利與喬治‧皮勒，劍橋畢業的羅勃‧葛林和克里斯多夫‧馬羅等等。他們才華洋溢，寫的劇本評價很高，加上學歷亮眼，到處受人尊敬，於是造成他們眼高於頂，根本不把只在史特拉福讀過基礎學校的莎士比亞放在眼裡。

「葛林怎麼啦?」莎士比亞一面把沾滿化妝油彩的手往臉上抹，一面說:「你唸給我聽吧。」

「可憐的傢伙，病得快死了，躺在一個窮鞋匠家裡，寫了

一篇自傳叫做〈廉價的智力〉給學院派菁英的那批劇作家，你聽著！他說：『我求你們以我的命運為例子，別再浪費才智編寫劇本，只白白便宜了那些戲子——木偶、小丑和猿猴。』讓我跳過幾行，他這麼罵你：『某個年輕演員，既不是大學畢業生，也不是有教養的紳士，只是一個自大狂，名叫沙士辛，居然厚臉皮當起劇作家，寫出觀眾偏愛的劇本。』」

「沙士辛？」戲班子的哥兒們聽到這裡，不禁又好氣又好笑，都說：「也許他講的是別人啊！」

莎士比亞拿過文章自己看，然後臉色沉重的說：「不，他是在說我。他提到『老虎的心包藏在戲子的外皮內』，改編自我的劇本《亨利六世》中的一句臺詞『哦，老虎的心包藏在女人的外皮內！』」

「葛林當然妒嫉你啊！」團主聽到他們的談話，走過來說：「另一個劇團3月在玫瑰劇院上演你的《亨利六世》第一部，定的是那一季最高的票價，仍然賣了滿座。他們也演了三齣葛林的戲，都賠了錢，難怪葛林氣得發瘋。」

「但他不能說我自大啊！我不是那樣的人。」莎士比亞覺得好冤枉：「我要向登出那篇文章的編輯抗議。」

編輯約見了他，很快的在另一篇文章中登出更正啟事，正式向莎士比亞道歉。

葛林對莎士比亞的批評和編輯的更正啟事，是關於莎士比亞在倫敦戲劇圈發展情況的早期紀錄。那時他已在倫敦五年了。由此可見二十八歲的莎士比亞，在倫敦受到的待遇是觀眾喜愛他，編劇同行妒嫉他，評論家尊敬他。

　　《亨利六世》是莎士比亞早期寫的一齣宮廷劇，分為三部，敘述在軟弱的亨利六世統治下，內戰與外患不斷。內戰是兩派貴族的對立，一派是以白玫瑰做代表的約克家族，另一派是以紅玫瑰為代表的蘭卡斯特家族。外患是與法國的戰爭。富有野心的約克公爵煽動農民起義，自己卻被殺死。公爵的兒子愛德華繼續抗爭，奪去亨利六世和王子的生命，逼得瑪格麗特皇后逃亡國外。愛德華坐上英國王位，就是愛德華四世。但是，他坐得並不安穩，因為弟弟理查，正陰謀推翻他。

　　這齣根據拉斐爾‧霍林斯赫德的歷史記載編寫的宮廷劇，把真正的歷史事件做了大幅度濃縮，也做了一些更動，使劇情緊湊好看，充滿了詭計、懸疑、謀殺、復仇、戰爭場景，看得觀眾

透不過氣來，難怪賣座。莎士比亞後來寫的許多宮廷戲，如《理查二世》、《理查三世》等等，劇中人為爭奪王位不擇手段，都讓觀眾不寒而慄。小老百姓看了宮廷殘酷反覆的仇殺，相信不會再羨慕高高在上的王公貴族了！

面對別人的攻擊，莎士比亞澄清了自己的名譽，他哪裡想到死後四百年來，不斷有人認為莎士比亞的那些劇本其實都不是他寫的，而是有學問的貴族寫好，用他的名義發表，因為當時編劇不是上流社會的人該做的事。他們懷疑學歷並不高的莎士比亞，怎麼會有能力寫出曲折動人，寓意深刻的劇情，以及優美如詩，蕩氣迴腸的臺詞？

其實，提出這些懷疑的人和葛林一樣，犯了一個最大的錯誤，就是迷信高學歷。劍橋、牛津可以讓學生多受幾年教育，但

是社會上形形色色的人與故事，給予感觸敏銳、觀察細膩的莎士比亞無窮的編劇靈感，遠遠勝過單純的大學。

與學院派菁英不同的是，莎士比亞本身是個演員。他一年到頭都站在舞臺上，最直接感受到觀眾的笑聲和眼淚，他最明白什麼能讓觀眾哈哈大笑，什麼能讓觀眾流淚不止，他寫出的劇本當然比學院派菁英受歡迎。

而莎士比亞那些優美如詩的臺詞，應該歸功於他天生就有的作詩才華。好的詩人，不一定是滿腹學問的大學者。大學者的文章很多都是四平八穩，毫無美感，毫不動人。而有作詩天分的人，同樣寫一句話，就是比學者寫得詩意盎然，扣人心弦。

雖然學院派菁英看不起他，莎士比亞卻很崇拜他們中最具詩人氣質的克里斯多夫・馬羅。他

早年劇本裡，充滿了馬羅式的臺詞：感性十足，甚至有些誇張，詩歌味道濃厚。

　　臺詞的詩意性，正是莎士比亞劇本不僅討好當時觀眾，也能流傳後世的一個重要原因。

7 瘟疫帶來的禍與福

對於劇團來說，同行的妒嫉中傷並不是他們最大的敵人；真正影響他們演出的因素，是瘟疫流行。

大家都還記得 SARS 的可怕。在莎士比亞的那個時代，醫藥沒有今天發達，每次爆發瘟疫，更是難以控制。莎士比亞出生前一年，瘟疫曾經鬧得很厲害，奪去他五個月大姐姐的性命。

他來倫敦的第五年，瘟疫再度爆發，來勢洶洶，情況最惡劣時，倫敦一星期有一千人喪命。所有劇院都被政府關閉，就算是開放，也沒有人敢去看戲。劇團只好離開倫敦，到各地看看有沒有演出機會。

當劇團來到史特拉福表演過後，莎士比亞告訴家人：「我決定

留在家鄉休息一陣子。」

「太棒了！太棒了！」九歲的大女兒蘇珊娜，和七歲的雙胞胎茱蒂絲、漢姆奈特高興得又跳又叫，兒子漢姆奈特還跳到父親身上，環抱著他的脖子猛親，讓莎士比亞感動而慚愧。

太太安在旁邊微笑望著。丈夫剛回來時，她覺得他無論外表和談話，都有一股說不出的陌生變化。現在看到他和孩子們親密的抱在一起，他才像是這個家的一分子。

母親瑪麗很高興兒子能留在家鄉，但是她也有點擔心：「劇團肯讓你退出巡迴演出嗎？不演出就沒有收入，錢還夠用嗎？」她娘家本來很有錢，但是丈夫這些年財務情況一直不好，使得她對錢比較沒有安全感。

「沒問題。」莎士比亞攬住母親的肩膀，在她臉頰上親了親：

「我不參加巡迴演出，空下的時間可以寫劇本，仍有收入。別忘了我現在還是劇團的股東之一，可以分紅。而且過去五年我存了不少錢。」

「哥哥是衣錦榮歸哦！」他的四個弟弟妹妹一齊大叫，他們都還沒有結婚，一大家子住在一塊兒，很以哥哥為榮。

「爸爸，您別憂愁。」孝順的莎士比亞注意到父親微笑的臉上雙眉糾結，他想起大弟告訴他別人指責父親「為了躲債每月不敢上教堂」。他拍拍胸脯：「我會幫您還債。」

老父欣慰的點點頭，笑著說：「還好當初沒有阻止你去倫敦演戲。」

全家都笑了起來，莎士比亞笑得最大聲：「啊！回家真好！」

每天不用趕東趕西演戲，所有的時間都拿來寫作劇本，又是

住在親情環繞的家裡，莎士比亞心情放鬆，筆尖流露的風格也就不同。

離開倫敦前，他剛完成另一部宮闈劇《理查三世》，描寫理查三世在取得王位的過程中，如何說謊、欺騙、作假、殺害對手與朋友。雖然最後這樣一個詭計多端的人被善良的亨利七世取代，大快人心，可是，這齣戲還是很陰暗。

現在遠離倫敦政治中心，史特拉福的悠閒單純氣氛，讓他想寫輕鬆的喜劇和抒情詩。他創作了三部喜劇：《錯中錯》、《維洛那二紳士》、《馴悍記》。

《錯中錯》是莎士比亞根據拉丁劇作家普勞特斯作品改編的一齣戲。原戲裡，一個人老是被誤認為另外一個人，他於是想到去尋找他的雙胞胎兄弟。莎士比亞把故事擴充為兩對雙胞胎，並

且加入死亡的威脅，讓劇情好笑中透著緊張。

雪城商人艾吉昂去埃城找尋他失散多年的雙胞胎兒子。埃城有一條法令，必須處死任何進城的雪城人。艾吉昂被逮捕後，官府只給他一天時間找人付贖金，否則就得上斷頭臺。一位年輕人安提佛魯斯和僕人卓米歐也從雪城來到埃城，他們到處被錯認為另一對主僕。經過一連串誤會，他們終於都找到出生就失散的兄弟，他們也發現艾吉昂是安提佛魯斯兄弟的父親，以贖金拯救了他。

這齣戲充分利用雙胞胎的驚人相像，造成混淆「笑果」，可以說是莎士比亞的多年心得，他正好有一對雙胞胎子女啊！

《維洛那二紳士》說的是義大利城市維洛那有一對好友，普羅提斯和范倫泰。范倫泰前往米

蘭發展，普羅提斯決定捨棄他的茱麗亞，跟好友一起去。在米蘭，兩人都愛上了一個女孩西爾薇亞。西爾薇亞被歹徒綁架，普羅提斯把她救出，卻強迫她愛自己。幸好范倫泰躲在附近，跳出來拯救西爾薇亞。這時，一個書僮拉下帽子，露出長髮，原來是普羅提斯故鄉的女友茱麗亞。故事以兩對情人團圓結束。

在這齣喜劇裡，觀眾看到友情和愛情，無論多麼密切堅定，都會受到許多誘惑，考驗人的意志。打扮成另外一個人，也是莎士比亞戲裡經常出現的手法。

《馴悍記》是一對未婚姐妹的故事。姐姐凱薩琳潑辣刁蠻，男人都離她遠遠的；妹妹白安卡溫柔甜美，有很多追求者。可是，她們的父親公開宣布，姐姐必須先結婚，妹妹才可以有男朋友。於是，想追妹妹的人就慫恿

外地來的彼特魯喬去追求凱薩琳，說她的嫁妝會很豐富。凱薩琳的父親擔心壞脾氣的大女兒嫁不出去，就讓彼特魯喬娶走凱薩琳。經過一連串波折，彼特魯喬把凱薩琳收拾得服服貼貼，她公開對村子裡的女友說：

> 妳的丈夫是主人，妳的生命，妳的監督人，妳的頭，妳的統治者，照顧妳的人……渴望從妳手中獲得的僅僅只是愛情、美貌、與真正的順服……正如人民對王爺有應盡的責任，一個女人對丈夫也是如此……

現代人看《馴悍記》，會很受不了戲裡表現出的「大男人主義」，但別忘記當時的英國人，認為女人服從丈夫是非常自然的事。

漸漸的，莎士比亞擺脫了偶像馬羅的影響，文風從霸氣剛烈

轉ㄓㄨㄢˇ變ㄅㄧㄢˋ為ㄨㄟˊ柔ㄖㄡˊ軟ㄖㄨㄢˇ輕ㄑㄧㄥ舞ㄨˇ。不ㄅㄨˋ變ㄅㄧㄢˋ的ㄉㄜ˙是ㄕˋ臺ㄊㄞˊ詞ㄘˊ
仍ㄖㄥˊ然ㄖㄢˊ詩ㄕ意ㄧˋ盎ㄤˋ然ㄖㄢˊ，即ㄐㄧˊ使ㄕˇ寫ㄒㄧㄝˇ喜ㄒㄧˇ劇ㄐㄩˋ，筆ㄅㄧˇ
端ㄉㄨㄢ仍ㄖㄥˊ然ㄖㄢˊ充ㄔㄨㄥ滿ㄇㄢˇ飄ㄆㄧㄠ逸ㄧˋ的ㄉㄜ˙詩ㄕ味ㄨㄟˋ。

嘗試不同韻體

　　這段悠閒放鬆的時期，讓莎士比亞詩興大發，他寫了兩篇長詩：《維納斯與阿多尼斯》、《露克利絲之劫》。

　　《維納斯與阿多尼斯》敘述希臘神話中一個淒美的故事。美麗的愛神維納斯愛上英俊的凡人少年阿多尼斯，但他對維納斯並不動情。為了逃避維納斯，他跑到荒野打獵，被野豬撞死，讓維納斯傷心萬分。

　　古羅馬有名的詩人奧維，曾經寫過維納斯與阿多尼斯的故事。莎士比亞改寫為一千一百九十四行的長詩，以六行為一組，共有一百九十九組，每一組的一、三行同韻腳，二、四行同韻腳，五、六行又是另一個韻腳，讓我們看一個例子，這組六行詩

說的是傷心的維納斯眼看著阿多尼斯的屍體化為花朵：

躺在她身邊被殺的少年郎

如煙氣從眼前消隱，

鮮血灑在地上

冒出一朵紫花，夾雜白色條紋，

彷彿他的蒼白面頰，而血珠

滴滴在白色上顯露。

這篇長詩得到南安普敦伯爵亨利・瑞歐樂斯理的贊助，得以出版。沒有想到大受歡迎，幾年內印了九版。第二年又出版了詩篇《露克利絲之劫》。

《維納斯與阿多尼斯》講的是女追男的故事，結局悲傷而浪漫；《露克利絲之劫》剛好相反，一個男人用強迫手段傷害他愛的女孩露克利絲，女孩感到羞恥而自殺。莎士比亞也是根據奧維作品改編，以七句一組的形式寫成，讓我們來看一組例子，是

露克利絲的嘆息：

現在，沒有人和我一起臉紅，

和我一起交叉雙臂垂頭，

戴上面具遮蓋眉目，掩藏不光榮，

只有我自己，必須孤坐消瘦，

以銀色的淚雨弄鹹地球，

我說的話帶著眼淚，我的悲傷夾著呻吟，

持久悲傷虛耗的可憐時辰。

　　我們看到的是一、三行，二、四、五行，與六、七行三種不同的韻腳。一個偉大的詩人必定勇於嘗試不同的韻體，《維納斯與阿多尼斯》及《露克利絲之劫》展現年輕的莎士比亞的詩歌才華。

　　當時在英國流行一種十四行詩，莎士比亞寫了很多，但只在朋友間傳閱，沒有打算出版。在本書第25節裡，有對莎士比亞十四行詩的詳細解說。

瘟疫後的倫敦戲劇圈

1594 年的夏天，莎士比亞聽說倫敦已經撲滅瘟疫，劇院重新開放，雖然他與劇團聯絡不上，仍決定到倫敦看看情形。

他找到了劇團的好友約翰‧海明吉，兩年不見，他們熱烈擁抱，約翰急著告訴老友戲劇圈的近況：「唉，一場鬧了兩年的瘟疫，讓好多劇團都撐不下去，我們原先的劇團雖然因為受女皇偏愛而被人家稱為『女皇劇團』，可是並沒有得到皇家任何實質補助，兩年來到處流浪，走了很多團員，現在已經變成一個二流的地方劇團。我就是因為厭倦到處演戲的辛苦，而脫隊回到倫敦。」

「連我們這個受女皇喜愛的劇團都撐不下去，其他劇團情況也不會好吧？」

「是啊。現在只剩下兩家劇團，一家受郝渥爵士贊助，他曾經領導英國海軍擊退西班牙的侵略，所以這家劇團就叫『海軍上將劇團』。」

「另一家由哪位貴族支持？」

「是掌管劇院和宮廷演出的宮廷總管爵士。」

「我們是好朋友，他是女皇陛下喜歡的表親，對戲劇有熱情和管理經驗，是很理想的贊助人。」

「可不是嗎？他前兩天才對我說，他很欣賞你的劇作，『宮廷總管劇團』急切需要新劇本，叫我寫信給你，要聘請你呢！」

「哦？那我就為他效力吧！」莎士比亞笑著說：「他有沒有想到網羅那群學院派菁英？」

「別提了。」約翰急忙揮手：「他們死的死，擱筆的擱筆。」

莎士比亞大驚失色：「馬羅怎

麼啦？他沒事吧？」

「很不幸，去年他和人發生爭執，被人殺了！」

「啊！這麼難得的才子，不到三十歲吧？」莎士比亞不斷搖頭。

「二十九歲。」

「他曾是我的偶像，我認為他的劇本《浮士德博士生與死的悲劇史》是不朽的傳世之作。」

「前年，妒嫉你的葛林死了。其他的劇作家好久沒新作問世。」說到這兒，約翰不禁握拳往莎士比亞胸前輕輕一擊：「放眼今天倫敦的劇作家，沒有人可以和你競爭。而你，才剛過三十歲生日，前程遠大，無可限量。」

聽到莎士比亞加入宮廷總管劇團，對手海軍上將劇團簡直嚇壞了。他們想到的對策是成立一個劇本創作班，僱用一批詩人和剛畢業的大學生寫劇本，後者被

看成學院派菁英的第二代。可惜這些人寫劇本的才華都無法跟莎士比亞抗衡。其中最受人矚目的是一位年輕人叫班・強生，比莎士比亞小八歲，他的詩與劇本都寫得很好，最崇拜莎士比亞。

這年聖誕節到新年的慶祝期間，兩家劇團都受到宮廷邀請，在女皇面前演出。第二年的聖誕表演，宮廷總管劇團的演出場次多過海軍上將劇團。第三年的聖誕表演，六場完全由宮廷總管劇團負責。由此可見兩個劇團受歡迎的差別越來越明顯。

莎士比亞是宮廷總管劇團的最大功臣。他的一枝筆劇力萬鈞，把對方劇團八、九位劇作家打得落花流水。那些人有的專門寫喜劇，有的只會寫悲劇，有的負責寫歷史劇；而莎士比亞各種劇型都擅長，他寫了喜劇《空愛一場》和《仲夏夜之夢》，悲劇

《羅密歐與茱麗葉》，以及歷史劇《理查二世》。

《空愛一場》的故事是說國王拿法瑞和三個朋友，決定隱居起來，躲避女孩的誘惑，好專心唸書。沒有想到，法國公主和三個女友正好來訪問。男士們紛紛墜入情網，但他們不肯在朋友面前承認愛上女生，一面追求女友，一面拼命掩飾，於是鬧了很多笑話。戲裡面，國王和三個男友打扮成俄國人，討女士們歡心；女士們為了捉弄男士，也互相打扮成別人。

《仲夏夜之夢》是一齣到現在還經常上演的莎士比亞喜劇。賀蜜雅被許配給狄米曲斯，但她深愛李三德，兩人決定私奔。狄米曲斯的舊女友海倫娜，仍然愛著狄米曲斯，就把賀蜜雅的計劃告訴他，以討好他。賀蜜雅和李三德逃進森林裡，狄米曲斯和海

倫娜也追了過來。

統治森林的精靈國王歐伯龍和皇后泰坦妮雅正在吵架，國王要報復皇后，命令僕人帕克去摘取一種魔花，趁皇后睡覺時，把花汁滴在皇后眼裡，當她睜開眼睛，就會瘋狂愛上第一眼看見的任何人或動物。然後，歐伯龍把紡織工人巴騰變成一匹驢子，站在皇后面前，醒後的皇后果然追著驢子親熱，讓大家笑翻了天。

森林裡的精靈，好心的想幫忙賀蜜雅等人解決愛情問題，但帕克卻把花汁滴錯了，造成李三德和狄米曲斯同時愛上海倫娜。

最後，歐伯龍和帕克改正了他們的錯誤捉弄，李三德愛賀蜜雅，狄米曲斯愛海倫娜，精靈國王和皇后和好，可憐的紡織工人巴騰也恢復原形。他們彷彿做了一場奇怪的仲夏夜之夢。

莎士比亞似乎要告訴觀眾，

一見鍾情的戀愛，有時候的確瘋狂得沒有道理可講。

《羅密歐與茱麗葉》大概是莎士比亞最出名的愛情悲劇。故事背景在義大利的維洛那，兩個當地望族世代仇視對立，互不往來。羅密歐與茱麗葉出生在彼此仇視的家族，卻身不由己的愛上對方。他們費盡心思要結合，不幸陰錯陽差失去性命。他們的死亡，讓兩家父母醒悟到自己被仇恨蒙蔽的愚蠢，於是兩家和好，結束長期的敵對。

這齣感人的愛情悲劇裡，臺詞不乏精緻典雅的十四行詩。

莎士比亞寫的故事除了吸引人之外，更難得的是臺詞始終優美如詩。如果我們要以一句成語評論莎士比亞劇作的特色，那就是「雅俗共賞」。社會上層的女皇與貴族、普通的老百姓、滿腹詩書的學者，都是他的戲迷。

10 悲傷與同情

　　瘟疫結束後回到倫敦，兩年內莎士比亞成為炙手可熱的頂尖劇作家。然而在三十二歲那年的夏天，他接到家鄉來信，告訴他兒子病得很嚴重。他急忙趕回史特拉福，仍然無法挽回小生命。

　　他把獨生子漢姆奈特抱在懷裡，一顆心碎裂成千萬片，滿臉的淚珠滴落成河。「他才十一歲啊！」莎士比亞沉痛的哀嚎：「我能拿什麼換回他的性命呢？」

　　當時他正在寫《約翰王》，講述的是理查一世死後，弟弟約翰登基為國王；但是理查一世的皇后認為她的兒子亞瑟才應該繼位，就去向法國求援，因此開啟兩國間的戰爭；而理查一世的私生子也加入王位爭奪戰。其中有一場景是小王子亞瑟受到叔叔約

翰王迫害，從高牆跳下自殺，他的哥哥（理查一世的私生子）看著別人抬起亞瑟的屍體，說道：「多麼輕而易舉你就抬起整個英國！」說的是莎士比亞的心聲吧！漢姆奈特對他而言，不就是整個英國？

《約翰王》裡有幾句話，說到一位失去孩子的父親，看見悲傷化身為他的孩子：

悲傷充滿我那遠去孩子的房間
躺在他的床上，和我一起徘徊
妝扮成他的美好模樣
重覆他的話語
提醒我他可愛的種種
化身他的體形穿上他的衣裳
我這才有理由去疼愛悲傷

沉痛的句子，表現了莎士比亞無法輕易忘記的悲苦。

他也看到家鄉殘破的一面。過去兩年內，史特拉福發生幾場

大火，燒毀兩百棟以上的建築，多半在鎮的上端，莎士比亞的許多好朋友因此無家可歸。他看到燒焦的廢墟，心情更加沉重。

宮廷總管劇團開始巡迴各地演出，他沒有加入，不必趕回倫敦，可以在家鄉多住些時候。有一日和父親閒聊，父親說：「大約三十年前吧，我生意做得順利，又擔任地方公職時，曾經向政府申請家徽，你知道，我們家永遠不可能成為貴族，如果能獲得政府頒發的家徽，可以提升社會地位。」

莎士比亞點點頭，他了解父親的心意，英國是一個注重社會地位的國家。

「後來我生意走下坡，辭去公職，還受你叔叔的債務牽累，那件事就擱下了。」父親停住口，猶豫了一會才繼續說：「如今我的第三代，孫子漢姆奈特不在了，

你說我們還需要家徽來提高社會地位嗎？」

　　「爸，三個弟弟雖然還沒結婚，但仍有可能為您生孫子。再說，有家徽也讓您的兩個孫女光榮啊！我們還是繼續申請吧！」

　　或許因為莎士比亞在戲劇上的名聲，這回申請很快得到批准，他的父親約翰・莎士比亞得到政府頒發的家徽，被尊為紳士。

　　留在家鄉的日子，莎士比亞並沒有停筆，他完成了劇本《威尼斯商人》。

　　故事發生在威尼斯，有一個對朋友熱情有義氣的商人安東尼歐，為了幫助朋友巴薩尼歐與波提雅結婚，去向富有但吝嗇、貪婪、喜歡占人便宜的猶太人夏洛克借錢。夏洛克一向覺得安東尼歐看不起他，想趁機報復，便和他簽約，規定到時間如果安東尼

歐沒能還錢，就得讓夏洛克在靠近心臟的部位割下一磅肉抵債。

沒想到一場意外發生，使得安東尼歐無法在約定的時間內還錢，只好被夏洛克告到法庭。安東尼歐的朋友替他湊足了錢要還給夏洛克，可是夏洛克不肯收錢，堅持要割安東尼歐的肉。就在千鈞一髮時刻，法官告訴夏洛克，他可以動手了，但必須做到兩點：一、不多不少只能割下一磅肉。二、不能流一滴血。如果夏洛克割下超過合約規定的一磅肉，多拿走安東尼歐身體上的任何東西例如血液，他就得受威尼斯法律懲罰，財產沒收，甚至判處死刑。

原來一心想弄死安東尼歐的夏洛克傻住了！他怎能從安東尼歐胸部不多不少割下一磅肉而不流一滴血？安東尼歐反而倒過來請求法官饒恕夏洛克。那聰明的

法官，居然是波提雅假扮的。

很多人批評這齣戲是莎士比亞反猶太人的作品。在莎士比亞時代的歐洲社會，基督徒與猶太人由於宗教信仰的差異，彼此看不順眼是非常普遍的現象，善於理財的猶太人有錢而缺乏社會地位。拿現代社會種族平等的眼光來責備莎士比亞，是忽略了他的時代背景。不過，戲裡有幾句臺詞，反映莎士比亞認為人性其實都是相同的，和種族與信仰的宗教無關：

我是猶太人。假如你對我們搔癢，我們難道不會發笑？

假如你對我們下毒，我們難道不會死？

假如你傷害我們，我們難道不會報復？

莎士比亞本身對朋友非常慷慨。他的同鄉好友愛德瑞安・坤

尼的房子毀於大火後，生活長久陷入困境。有一次實在撐不下去，請在倫敦的兒子理察向莎士比亞借錢，莎士比亞立刻把錢送到理察住處。理察在家書裡提到這件事，證明莎士比亞成名後並沒有看不起他家鄉的窮朋友。

11 宮廷總管的紛爭

　　1596 年底，莎士比亞再度回到倫敦，劇團同事告訴他一件壞消息：「支持我們的宮廷總管杭士登爵士去世了，他的兒子同意繼續贊助我們。可是杭士登爵士擔任的職位──宮廷總管，女皇陛下卻封給卡伯漢姆爵士，由他來掌管戲院和宮廷演出。」

　　「卡伯漢姆爵士？！」莎士比亞臉色一變：「大家都知道他仇視戲劇圈。這簡直像讓黃鼠狼看管雞籠嘛！」

　　「只有市政局那批人喜歡他。去年法蘭西斯・藍格利蓋新劇院『巴黎花園的天鵝』，簡稱天鵝劇院，市政局就百般阻擾，他們說劇院是聚集雞鳴狗盜之輩的地方。現在換了卡伯漢姆爵士掌管劇院，市政局馬上勸他關閉

城中所有的客棧劇場。

「我們冬天的演出都在客棧劇場，關閉之後，只好回到郊外的幾間戲院，恐怕沒有幾人願意在寒冷的冬日跑那麼遠去看戲。」莎士比亞皺著眉頭陷入沉思:「看來，我們只有和藍格利簽約，冬天在天鵝劇院演出。」

簽好約，他又忙著搬到靠近劇院的房子，忙得像蜜蜂一般，沒有想到因為藍格利而被捲入一場危險的紛爭。

藍格利得罪了一位執法的官員葛第納，葛第納和他的繼子聯合起來威脅藍格利，如果不向他們屈服，會不得好死。當時英國治安非常差，人民常自己解決仇敵，例如莎士比亞崇拜的克里斯多夫・馬羅就是被仇人刺死;而崇拜莎士比亞的年輕作家班・強生，以劍刺殺某位演員，差點被判絞刑。

　　至少，身為執法官員的葛第納可以找藉口關閉藍格利的天鵝劇院，那麼，莎士比亞的劇團冬季就沒有演出場地了。所以他協助藍格利和葛第納父子展開談判。

　　每次想到討厭的卡伯漢姆爵士，關閉了他們原本冬季演出的客棧劇場，莎士比亞就火冒三丈。他忍不住在新寫的劇本《亨利四世》裡，將一個肥胖膽小的騎士取名為約翰·古堡男爵，正好是卡伯漢姆爵士的祖先。

　　卡伯漢姆爵士提出抗議，莎士比亞於是把騎士的名字改為符斯塔夫，那是一個以迅速開溜出名的歷史人物。討厭卡伯漢姆爵士的人這下樂壞了，都在背後叫他這個渾名。

　　莎士比亞創造的喜劇人物，以符斯塔夫最受歡迎，多年後莎士比亞又把他放進《溫莎的風流

婦人》裡。符斯塔夫品格不好，帶壞亨利四世的兒子霍爾，讓國王不想把王位傳給王子。幸好，霍爾還是繼承了寶座，成為亨利五世。新國王醒悟到他不能再像從前一樣吃喝玩樂，無法無天，就拒絕再跟符斯塔夫做朋友。

符斯塔夫雖然是個大壞蛋，但他的肥胖、膽小，又逗得觀眾哈哈大笑。跟這樣一個小丑連在一起，可以想見卡伯漢姆爵士多麼生氣。

他還沒有機會報復莎士比亞就去世了。女皇把宮廷總管的爵位改賜給贊助莎士比亞劇團的杭士登爵士二世，於是，他們的劇團再度被稱為宮廷總管劇團。

12 買下
第一棟房子

　　劇團有了好的贊助人，莎士比亞安心的回家鄉一趟，一方面放鬆神經，一方面他想用積蓄購買一棟房子。

　　結婚將近十五年，莎士比亞的妻子兒女一直與他的父母弟妹住在亨利街上的房子內，大家互相照顧，讓遠在倫敦的莎士比亞沒有後顧之憂。可是，自從聽到妹妹瓊找到對象準備結婚，妹夫的職業是帽子師傅，而他們正在找新房，莎士比亞就想買一棟自己的房子，把房間留給妹妹和妹夫。

　　從前讀書的學校對面，有一座以磚頭和木材建成的美麗房子，他每次經過，心裡總想著有一天能住在裡面多好。當他聽說屋主恩德希爾正打算賣房子，就

迫不及待上門談價錢。

恩德希爾既貪婪又狡猾，開出的價錢一毛也不肯少。幾度交涉，莎士比亞終於以六十英鎊買下他的夢幻美屋，加上兩座穀倉，兩座花園，和兩座果園。幾週後，莎士比亞聽說恩德希爾不幸被他瘋了的兒子毒死。

第一次搬入完全屬於自己的房子，莎士比亞和妻子女兒自然非常興奮，但他們發現房子其實沒有受到好的保養，內外有許多地方殘破不堪，莎士比亞必須留在史特拉福一陣子，監督工人修理內外。

莎士比亞並沒有放下筆，他繼續創作劇本《亨利四世》，忍不住把修房子的心得一一寫進去，例如：「地球的結構和巨大根基」，「如同一個描畫房子模型的人」等等，甚至後來的劇本也有不少這類句子。

他也得花時間整理荒蕪已久的花園和果園，劇本裡因此有蜜蜂的比喻：「恰似眾多蜜蜂，在每一朵花上採蜜。」以及下面的描述：

他無法精確的拔除野草……
他的朋友與敵人盤根交錯
以致，除掉一根野草般的敵人，
同時也動搖了一個朋友。

我們可以想像莎士比亞拔除野草時，必須小心翼翼，不傷害到嬌弱的花苗與蔬菜根部的艱苦模樣。

每到下午放學時，整理院子的莎士比亞抬頭就會看到孩子們跑出學校，嘰嘰喳喳向四面散去，和早上去學校時踩著蝸牛一般的步伐多麼不同。後來他描寫軍隊潰散，如同「放學了，人人匆匆往家和運動場跑去。」

每次看到上下學的孩子，莎

士比亞的心就發疼，心想：「如果漢姆奈特還活著，不就在他們中間嗎？」

漢姆奈特的死亡，對莎士比亞影響深遠，他開始珍惜與家人，尤其是兩個女兒的共處時光。照慣例，劇團每年夏天都要離開倫敦，到各地巡迴演出。莎士比亞告訴劇團，今後夏天他不演出，將留在史特拉福寫新劇本。他的劇本是劇團最可貴的資產，請求當然得到批准。

喪子之痛也使莎士比亞接下去的幾年，不願意創作悲劇，作品風格更呈現明顯變化。他原來是個有些自我中心的詩人與劇作家，對筆下人物保持冷眼旁觀的超然。經過人生痛苦，他對創造的角色，無論年紀和階層，開始表現融入其中的同情與諒解。

因此，早期劇本中，主角的臺詞主要是押韻的詩，十分文謅

調，似乎不食人間煙火；只有喜劇角色的凡夫俗子，說的才是散文式的臺詞。中期劇本如歷史戲《亨利四世》，就比較接近平常人的說話語氣，無論國王或小丑，戲詞都以散文風格寫成。即使有詩一般的優美臺詞出現，早期的抒情味也變淡了。

這時期莎士比亞創造的那些小丑人物，雖然卑微可笑，但也特別討觀眾喜歡。只是，各種喜劇角色，能幫助莎士比亞忘卻漢姆奈特嗎？

13 瘋狂行動

　　夏天結束了，莎士比亞回到倫敦，劇團的哥兒們康代歐和史賴搶著告訴他：「糟了，我們失去了演出場地天鵝劇院。」

　　「別急，別急，慢慢講。」莎士比亞拍拍他們的肩膀。

　　「天鵝劇院的藍格利老闆又有麻煩了。」

　　「是葛第納報復上次藍格利得罪他嗎？」

　　「可以這麼說。6月時，潘勃洛克伯爵支持的劇團，在天鵝劇院上演一齣諷刺的喜劇《傻瓜島》，得罪了一些人，他們指責這齣戲內容『骯髒醜惡』。葛第納那批官員本來就瞧不起劇院，趁機下令關閉所有劇院。」

　　「可惡，這批人已經禁止劇團在客棧演戲，現在又關閉劇

院，他們真要把所有劇團都逼到走投無路嗎？」莎士比亞氣憤的說。

「而且，他們還逮捕了部分演員和編劇。編劇之一的納許幸運逃開，班・強生沒有他好運，被關入牢房。」

「唉啊！」聽到同行被捕，莎士比亞不禁叫出聲。

「不過，他已經被放出來了。禁令到 10 月廢除，所有的戲院可以重新開張，只有天鵝劇院拿不到執照，不准演戲，只能演雜技馬戲。」

「聽說我們有時候租用的大戲院，老闆柏比紀兄弟無法取得土地續約，所以我們也無法在大戲院演出。」

「是的，另一間玫瑰劇院被海軍上將劇團包下，我們只有在又舊又小的帷幔劇院演出了。」

「那裡地點偏僻，冬天很難

吸引到觀眾。」莎士比亞皺緊眉頭:「我們得想個法子。」

宮廷總管劇團秋季的第一場演出,只得租用帷幔劇院,劇本是班‧強生的第一部重要喜劇《人人皆幽默》。照慣例,莎士比亞代表他的劇團接受一齣新戲的方式,是親自上場飾演一角。後來班‧強生出版的作品集,附有一張演員表,可以看到莎士比亞的名字。

《人人皆幽默》是一齣寫實喜劇,有意傳達強生的一些理念,在序言裡,強生嘲笑莎士比亞的浪漫喜劇沒有特定主題。回應強生的嘲笑,莎士比亞在新戲《皆大歡喜》裡創造了一個「幽默的傑克思」角色,他的大志是「清洗生病世界的污穢身體」。這兩位劇作家都有極高才華,然而性情與為人南轅北轍,強生傲慢,且咄咄逼人,欠缺包容性,

而莎士比亞對人寬厚，從不把作品當作宣傳工具。

宮廷總管劇團同時也在進行建立新劇院的計畫。他們在堤邊找到一塊空地，空地的對面就是玫瑰劇院，長期被海軍上將劇團包下。

12月26日，他們為女皇做完聖誕獻演的最後一場，有一段休息時間。兩天後，宮廷總管劇團展開一項瘋狂行動。大隊人馬帶著斧頭，浩浩蕩蕩前往廢棄的大戲院，由木匠彼得·史曲特指揮，把木頭一條條拆下，一車車運到選好的空地上，史曲特將以這批木材蓋座新戲院，省下購買建材的一筆大錢。

建好的劇院叫做環球劇場，標誌是希臘神話裡的大力士海克力斯扛著地球，或許是他們搬運劇場木頭時得到的靈感。

環球劇場可以容納三千位觀

眾，中間場地讓人站著看戲，周圍靠牆是一層層的座位席。它最讓人印象深刻的，是舞臺的多層次。主要舞臺的上方，還有一個突出的舞臺。當演員在上方舞臺演出時，主要舞臺的布幔放下，可以變換佈景。然後，另一場景就在主要舞臺上展開。如此交替進行，省掉換景時的等待，讓劇情進展一氣呵成，沒有冷場。

主要舞臺有門通向下方的「地獄」，也有象徵天堂的高臺。顯然，多層舞臺是莎士比亞的設計，從此以後，他寫的劇本可以有更廣闊的發揮空間。

環球劇場不但由莎士比亞負責設計舞臺，也有他的投資，別人因此稱它為「莎士比亞和其他人士擁有的劇場」。其實劇場的最大股東是原來大戲院的老闆柏比紀兄弟。他們無法取得大戲院的土地續約，於是同意宮廷總管

劇團把大戲院拆掉，木料拿來蓋環球劇場。他們擁有環球的一半股份。

　　莎士比亞只有十分之一的股份，但也蠻可觀的。他每寫一齣新戲，可以拿到大約十英鎊的稿費，想想看，他在史特拉福買的大花園果園樓房也不過六十英鎊。上場演出一個角色，他可以拿到八分之一的站票收入和一半的坐票收入。而身為劇場股東，他又可得到另外一半坐票收入的十分之一。另外，宮廷演出得到的賞賜都很豐厚。

　　難怪競爭對手──海軍上將劇團的那些演員既羨慕又妒嫉，快要瘋掉了！他們在吝嗇老闆韓斯樓的嚴密控制下，都欠了一堆債務。韓斯樓本人也快急瘋了，他只想快點找個地點蓋新劇院，離開環球劇場越遠越好。

14 才華受到學者肯定

　　莎士比亞的收入令人羨慕，他的詩歌與戲劇才華也受到高度肯定。

　　1598 年 9 月，有位學者法蘭西斯・梅雷斯出版了一本文學評論《才智寶庫》，其中有一部分把當時的英國詩人與古希臘、拉丁的名詩人相提並論。他認為，莎士比亞的戲劇無論悲喜，都是頂尖的創作。不需要劍橋與牛津大學的藝術大師指點，人們自然認同莎士比亞是當代最偉大的劇作家。可是，只有與作家和劇場常接觸的知識分子，才有機會看到莎士比亞那些私下流傳在朋友間的十四行詩。

　　梅雷斯這麼形容莎士比亞：「正如希臘詩人尤福勒思的靈魂轉世為畢達哥拉斯；羅馬詩人奧

維甜美機智的靈魂表現於流暢詩韻中，舌尖如蜜糖的莎士比亞在朋友之間傳誦他的詩作《維納斯與阿多尼斯》、《露克利絲之劫》和起伏澎湃的十四行詩。

「正如普勞圖思和塞內卡是公認最好的拉丁喜劇與悲劇作家；莎士比亞的悲劇與喜劇也坐英國第一把交椅；喜劇方面，看他的《維洛那二紳士》、《錯中錯》、《空愛一場》、《愛情沒有白忙》＊、《仲夏夜之夢》和《威尼斯商人》。悲劇方面，他寫了《理查二世》、《理查三世》、《亨利四世》、《約翰王》、《泰特斯‧安特洛尼克斯》以及《羅密歐與朱麗葉》。

「正如艾琵厄思‧史投羅所

放大鏡

＊很多人認為「愛情沒有白忙」是梅雷斯的誤稱，正確名稱應是「馴悍記」。故事描寫一個男子如何費勁把一個潑辣兇悍的女孩馴服為賢慧妻子，不正有「愛情沒有白忙」的意味嗎？

說，掌管文藝的九位希臘繆思女神如果懂拉丁文，她們必傾吐喜劇大師普勞圖思的妙語；我因此斷言，繆思女神倘若會說英語，她們必說著莎士比亞的精緻詞語。」

梅雷斯真是一個眼光精準的學者，他把莎士比亞的劇本與傳世的古典作品相比，似乎預告莎士比亞的歷史地位。不過，他並沒有舉出到那時為止莎士比亞創作的所有劇本。

莎士比亞的劇本除了演出，還由劇團賣給出版商。1597 到 1598 兩年間，莎士比亞的劇本《理查二世》、《理查三世》、《亨利四世》、《空愛一場》分別由不同出版社印行。可惜出版社沒有把他的劇本當一回事，印得錯誤百出。莎士比亞並不很在乎，他永遠把心思放在正在創作的劇本上。

15 天外飛來的橫禍

　　伊麗莎白女皇的男友萊斯特伯爵已經去世多年，他的繼子埃塞克斯伯爵，經常陪伴女皇，很得她的歡心。

　　愛爾蘭有叛軍造反，埃塞克斯伯爵慫恿女皇派他去平定。1599 年 3 月，大軍浩浩蕩蕩出發，贊助莎士比亞出版詩集的好友南安普敦伯爵，出任掌管馬匹的將軍職位。莎士比亞受到大軍出征的熱烈情緒感染，在即將完成的劇本《亨利五世》結尾寫下這樣的句子：

　　仁慈女皇派出的將軍

　　來到正是時候，來自愛爾蘭，

　　以劍平定叛亂，

　　多少愛好和平的城市

　　紛紛歡迎他！

　　可見莎士比亞關心時事，會把時事寫入劇本裡。

　　可惜野心很大的埃塞克斯伯爵，實際上卻是一個大草包。整個夏天他率領大隊人馬東奔西跑尋找叛軍而沒有收穫，他自己先失去信心與耐心，與叛軍的首領泰隆約定停戰，拋棄軍隊，跑回宮廷求女皇饒恕。

　　震怒的女皇逮捕了他，不久將他釋放，驅逐出皇宮，不再寵信他。

　　第二年的 2 月 6 日，一群紳士來到環球劇場，要求宮廷總管劇團盡快演出莎士比亞的一齣老劇本《理查二世》。劇團的人不願意，說那齣舊戲不會吸引觀眾。

　　紳士們提出好價錢，說動了劇團，第二天下午上演《理查二世》。劇中理查二世將反對他的人不合法的趕出國土，而且沒收

他們的財產，引起他們叛變，殺死理查二世。果然，來看這齣舊戲的觀眾不是很多。

《理查二世》演完的次日早上，埃塞克斯伯爵率領三百個軍人，衝到大街上，號召人民起來拯救女皇，消滅她身邊的邪惡小人們。沒有一個老百姓加入他們。埃塞克斯伯爵和南安普敦伯爵都遭到逮捕，十天之後接受審判，以叛亂罪名處死。南安普敦伯爵受到的懲罰很快改為終身監禁，逃過一死。

宮廷總管劇團莫名其妙捲入這場叛變。因為他們演出《理查二世》，被懷疑替叛黨宣傳，暗示皇家受到威脅，需要出兵保護。伊麗莎白女皇說:「我就是理查二世，你們不知道嗎?」官方審問劇團，發現他們其實和叛黨沒有關係，於是無罪釋放，仍然可以照常演出。

　　伊麗莎白女皇信任莎士比亞，向來愛看他的戲，曾經要求莎士比亞為筆下滑稽的符斯塔夫再寫一齣戲，就是《溫莎的風流婦人》，在溫莎堡演出。有些劇本，因為她的意見而受到修改。

　　《亨利五世》很可能是環球劇場 1599 年秋季落成上演的第一齣戲。莎士比亞在劇本的序言裡向觀眾道歉，他認為劇場簡陋，不能展現「如此壯觀的題材」，但我們可以感受到他對環球劇場的觀眾席設計頗為得意。

　　在莎士比亞的宮廷劇作裡，《亨利五世》最能炫耀英國的強大國勢。尚未登上王位前過著荒唐生活的亨利五世，登基以後卻是一個善於征戰和展現權勢的國王。不過，莎士比亞在敘述亨利五世的豐功偉業時，也不忘刻劃戰爭的陰影。

　　在一次作戰的前夕，亨利五

世裝扮成一個普通士兵，到處偷聽士兵談話，想了解他們的想法。這些軍人都很害怕會死在戰場，亨利五世就勸告他們不必擔心死亡，因為他們是為正當理由而戰。有人回答說：

> 但如果我們作戰的理由不正當，那麼國王自己就有一筆沉重的帳要算，所有的腿、手臂以及頭，在戰爭中被砍下，會聚集在上帝審判日……假如這些軍人慘死沙場，對領軍的國王將是一件黑暗的事。

莎士比亞的宮廷劇也指出，即使貴為國王，不見得就過得快樂。亨利五世想到他的父親亨利四世，本來只是公爵，殺害理查二世得到王位，但到死不能心安。亨利五世獨處時，有一段話說出他的真正感受：

> 不是香膏、王位和舞會，也不

是劍、權杖和皇冠……更不是
國王寶座，或壯觀的海潮拍擊
大地的高岸——不，這些都不
算什麼，躺在帝王床上的人，
無法像低賤的奴隸睡得一樣酣
熟……

　　莎士比亞雖然常常到皇宮演
戲，他可不羨慕皇家生活啊！

16 中年心境

　　不管外界發生什麼驚天動地的大事，還是身旁有可笑的芝麻綠豆小事，都沒有讓莎士比亞在創作上分心。

　　為了償還興建環球劇場的貸款，劇團把莎士比亞的劇本《威尼斯商人》、《仲夏夜之夢》、《無事自擾》、《亨利四世》賣給出版商。

　　劇團裡的一個小雇員，偷偷把修改過的《亨利五世》賣掉。劇團發現時已經無法阻止出版社印行。在聖保羅大教堂附近的書店，可以買到印刷惡劣的《亨利五世》等劇本，那時候盜版的書籍多如牛毛。

　　莎士比亞的新劇本一齣接一齣，希望吸引觀眾，早日還清興建劇院借的高利貸。1599 到 1600

年間，莎士比亞完成歷史劇《凱撒大帝》和喜劇《皆大歡喜》。

凱撒是一個有野心的羅馬將軍，他領軍出外打仗得到勝利，非常自滿，凱旋回國後準備自立為皇帝。那時的羅馬是由貴族組成的元老議會統治，元老們不希望有一個皇帝出現來壓制議會，就聯合起來在議會裡刺殺了凱撒。

凱撒被殺的消息一傳出，愛戴他的羅馬市民聚集市區，要求元老們解釋。凱撒最好的朋友布魯特斯是一個有理想的元老，他告訴群眾，刺死凱撒「不是因為愛凱撒比較少，而是愛羅馬更多」，不忍心見到羅馬走向獨裁政治。

群眾聽了覺得凱撒的確該死。這時候，凱撒一派的人處境非常孤單危險，幸虧安東尼出來對群眾講話，他雄辯滔滔，把凱

撒說成一個愛民如子的人，遺留給每個市民金錢，讓大家分享他的牧場、果園和涼亭。他的演說改變羅馬人民的想法，反過來指責刺殺凱撒的元老們，他們嚇得狼狽逃走。

《凱撒大帝》寫得最成功的地方，就是透過布魯特斯理性與安東尼煽情的兩篇演說，刻劃群眾的愚昧，他們沒有獨立判斷的能力，多麼容易受到政客操縱！當演員扮演安東尼演講時，臺下站著看戲的幾百位觀眾真的就像羅馬市民，這場面讓英國官員很不放心，他們害怕不滿意現實的倫敦市民也起來暴動。

《皆大歡喜》改編自湯瑪士·樓吉的愛情劇《蘿絲玲德》。西尼爾公爵的土地財產被弟弟非德利克公爵侵占，與一批隨從逃到森林中，遇見了年輕人奧蘭多，他也是逃避哥哥奧力佛

的虐待，而躲藏在那兒。

戲裡雖然有殘酷的兄弟鬥爭，但也有溫暖忠誠的友情，例如，老僕亞當對小主人奧蘭多忠心耿耿；非德利克公爵的女兒西麗雅和西尼爾公爵的女兒蘿絲玲德，友情不因為上一代的爭執而改變。

戲裡當然也有美麗的愛情，有幾對愛人，包括奧蘭多和蘿絲玲德墜入情網。不習慣鄉下生活的特區史東，最後也愛上了村姑奧德麗。

故事結尾，西尼爾公爵和奧蘭多可以回到他們舒服的宮廷家中，但是跟隨西尼爾公爵逃亡到森林中的傑克斯，卻決定留下來做隱士，他覺得大自然比人類社會安全可愛多了。

這種看法，表現在一首歌裡。唱歌的人是另一位跟隨西尼爾公爵的貴族阿米恩思：

吹吧，吹吧，冬天的風，

你不會那麼無情

如同人的忘恩負義。

你的牙齒沒那麼尖，

因為你不為人見，

雖然你的呼吸粗氣。

唏哈，高唱唏哈，吹過綠色的冬青。

多數友情裝模作樣，多數愛情，只是愚行。

高唱唏哈，吹過冬青；

最重要的是活得高興。

　　1600 年底，他寫好《第十二夜》新戲，在慶祝聖誕節的第十二夜於皇宮的白廳演出，供女皇和來自義大利的貴賓欣賞。

　　《第十二夜》又是一齣充滿誤會的喜劇。薇歐拉在船沉後漂流到異鄉，她為了保護自己，打扮成男生，改名叫西賽瑞歐，為歐西諾伯爵做僕人。伯爵派她送信給他愛慕的奧麗薇雅，奧麗薇雅正在為兄弟的死悲傷，西賽瑞

歐自己的兄弟也死於海難，兩人同病相憐，奧麗薇雅忍不住愛上女扮男裝的西賽瑞歐。

其實，西賽瑞歐的兄弟西貝思欽在船沉後得救，他和西賽瑞歐長得一模一樣，把奧麗薇雅搞糊塗了，鬧了許多笑話。最後，西賽瑞歐還原她的女孩身分，與她愛上的歐西諾伯爵結婚；奧麗薇雅如願嫁給西貝思欽。

從前歐洲人慶祝聖誕節到第十二天，有個奇怪的習俗，就是選一個僕人或孩子出來做「亂來爵士」，可以搗蛋胡鬧，製造歡樂氣氛。《第十二夜》裡就有一個亂來爵士非思提，看起來像傻瓜，但他說的話才是事實，而其他人自以為聰明，看事情卻不清不楚。

莎士比亞把這齣戲裡的奧麗薇雅，形容為一位青春不老，永遠美麗的仙后，伊麗莎白女皇看

了非常高興，覺得自己就是奧麗薇雅。然而，這位精明能幹的女皇哪能抵抗時間腐蝕呢？她已經六十八歲，滿面皺紋，頭髮花白了。

莎士比亞本身也是三十六歲的中年人了，他當然不相信有人能夠抵擋時間的破壞。他寫的詩裡常有「消耗的時間」、「吞噬的時間」、「貪婪的時間」等感嘆。

《第十二夜》表現了他對無情時間的妥協。在這齣戲以前的劇本，他從年輕人的角度看待時間的流逝如水；《第十二夜》裡，他帶著同情的眼光接受人總得步向老邁的事實。這齣劇本可以說是他中期作品裡達到巔峰的喜劇。

17 不介入
挖苦劇爭

　　自從環球劇場建好後，宮廷總管劇團和海軍上將劇團形成隔街打對臺的局面，逼得海軍上將劇團搬到泰晤士河對岸新建的幸運劇場。幸運劇場模仿環球劇場格式，只是形狀是正方形的。

　　宮廷總管劇團面臨的新競爭者，是兩個男童劇團：一個由聖保羅教堂唱詩班的男孩子們組成，另一個是宮廷教堂的男童歌詠隊。這兩個唱詩班當初所以會演起戲來，是因為女皇喜歡他們唱的音樂劇，鼓勵他們演戲。曾經是倫敦的熱門劇團，但停止演戲也有十年之久了。

　　當然，他們就像所有的兒童合唱團，每年都有一些長大開始變聲的團員離開，也有年紀小的新團員加入。他們清新可愛，又

常有新面孔出現，吸引許多厭倦成人劇團老面孔的觀眾。

這兩個劇團重金禮聘好編劇為他們寫劇本，沒想到因此惹出一連串熱鬧的「挖苦劇爭」。

班・強生和約翰・馬爾思騰是兩個優秀的劇作家，但彼此看不順眼，不欣賞對方的創作風格。強生以前就曾在戲裡諷刺莎士比亞，現在又在戲裡以打油詩嘲笑馬爾思騰。馬爾思騰不是省油的燈，也在為聖保羅兒童劇團寫的劇本中挖苦強生。強生馬上在為宮廷教堂兒童劇團編的新戲裡，大大揶揄馬爾思騰和他的朋友。兩個人你來我往，不斷在新劇本中譏笑對方作為報復，讓倫敦人看得樂不可支。

這場紛爭，可算是強生的文鬥。他曾經和一位演員打架，失手殺了對方。他後來受到大拇指烙印的懲罰。

　　莎士比亞沒有加入他們兩人的報復戰中，只在劇本《哈姆雷特》的注腳略微提到這段爭執，以及兒童劇團的競爭。一方面可以看出他的修養很好，一方面也可以證明他的劇作才華受到普遍肯定，連刻薄的強生都尊敬莎士比亞。

　　當倫敦的戲劇圈正你來我往上演著挖苦劇，莎士比亞的老家發生一連串變化。

　　父親於 1602 年 3 月去世。傷心的莎士比亞回到故鄉料理父親後事。他度過童年的亨利街房子，失去了老家長，也迎得一個新生命。妹妹瓊生下男孩，他是莎士比亞的第一個外甥。最小的弟弟愛德蒙，則跟隨大哥腳步，離開家鄉，去追尋他的演員夢。

　　莎士比亞回倫敦前，授權弟弟吉爾伯特買下史特拉福北邊老社區一片占地一百二十七英畝的

農莊，於是，即將年滿三十八歲
的莎士比亞，成為史特拉福的大
地主。

18 新國王新氣象

　　1603 年 2 月 2 日，宮廷總管劇團在女皇面前演出《哈姆雷特》。這齣戲敘述丹麥王子哈姆雷特遇見亡父的鬼魂，告訴他父親是被叔叔害死。叔叔篡奪王位，還娶了哈姆雷特的母親。王子不確定鬼魂說的是事實，就在叔叔面前安排一場國王被殺的戲，果然叔叔露出驚恐的表情。他要為父王報仇，但他的個性不夠果斷，顧慮太多，好幾次應該採取行動卻猶豫不決，錯過復仇的時機。

　　為了逃避叔叔迫害，哈姆雷特假裝發瘋，不小心刺死女友歐菲麗雅的父親。歐菲麗雅擔憂男友精神失常，又受到父親去世的打擊，精神恍惚落水而死。壞叔叔一再嘗試除掉哈姆雷特沒有成

功，他準備的毒酒，被哈姆雷特的媽媽搞錯拿去喝了，毒發而死。

歐菲麗雅的哥哥雷耳提斯要求與哈姆雷特決鬥，替父親和妹妹報仇。壞叔叔在雷耳提斯的劍尖抹毒，決鬥的結果是雷耳提斯與哈姆雷特都被毒劍刺死。斷氣前，哈姆雷特終於下定決心將叔叔殺死。

復仇這個題材從希臘悲劇開始，在西方戲劇裡一再出現。可是，莎士比亞的《哈姆雷特》評價最高，因為他細膩的描寫了王子在仇恨與良心間的不斷掙扎，請看最有名的一段臺詞：

活著，還是死去；那是問題所在
是否比較高貴的在心底忍受
殘暴命運的刀劍投擲
還是拿起武器面對如海的苦難
以抗爭終結
……

良心因此使我們都變成懦夫

⋯⋯⋯

失掉行動之名

　　劇終時，王子的好友對著他的屍體說:「晚安，甜蜜的王子，成群飛翔的天使唱歌《讓你安息》!」

　　演員與觀眾沒有想到，一個月後的 3 月 24 日清晨，伊麗莎白女皇一世也長眠安息，結束她七十年的人生。

　　繼位的是蘇格蘭國王詹姆士，與莎士比亞差不多年紀，心地不壞，只是有些頑固，有些愛炫耀，常常賣弄學問。皇后原是丹麥公主，作風奢華。他們生有三個孩子:亨利、伊麗莎白、查理。

　　詹姆士國王登基後，人事進行大變動，贊助莎士比亞出版詩集的南安普敦伯爵因為叛亂罪被伊麗莎白女皇關入監牢，現在得

到特別赦免而釋放出獄。

　　影響劇團最大的是詹姆士國王一家對戲劇的喜好。登基兩個月內，詹姆士國王就表示願意擔任莎士比亞劇團的贊助人，頒發給劇團裡每一個人「宮廷總管侍從」的頭銜和一套猩紅色的制服。大家都改叫莎士比亞的劇團為「國王劇團」。

　　榮譽頭銜雖然沒有薪水可領，但他們在宮廷的演出機會大大增加，得到更多酬勞。伊麗莎白女皇一年只看六、七場戲；詹姆士一家一年看的戲大多在二十場以上，主要是由國王劇團演出。

　　其他的劇團也受到皇家贊助。海軍上將劇團改為「亨利王子劇團」，一個剛成立的劇團成為「皇后劇團」，而宮廷教堂兒童劇團的新名稱是「皇后宴會兒童劇團」。

19 演戲心得

　　不幸的是，詹姆士國王登基不久，瘟疫又開始在倫敦蔓延，劇場被迫關閉，到第二年春天重新開放，將近一年時間內有三萬人死亡。

　　國王劇團只好到各地巡迴演出。劇團裡的一個雇員憑著記憶寫下《哈姆雷特》，偷偷賣給出版商，印刷的品質非常惡劣，卻在瘟疫期間的倫敦熱賣，顯示倫敦人在無法看戲的情況下，對莎士比亞戲劇多麼懷念。

　　莎士比亞留在史特拉福改寫劇本《終成眷屬》的結局，並寫了一齣新戲《惡有惡報》。這部喜劇和從前那些輕鬆逗笑喜劇《無事自擾》、《皆大歡喜》等比較，嘻笑的背後有一個嚴肅的主題，可以說是莎士比亞的一個

新嘗試。

《惡有惡報》的故事發生在鬧瘟疫的維也納，顯然可怕的倫敦瘟疫給了莎士比亞靈感。統治維也納的公爵離城逃避瘟疫，讓滿口仁義道德的安吉樓代理政事。他以「不道德」罪名要處死一個年輕人克勞地歐。克勞地歐的妹妹伊莎貝拉正準備做修女，去向安吉樓求情。

「可以啊，只要妳肯陪我睡覺。」安吉樓色眯眯盯著美麗的伊莎貝拉說。到了約定的時間，安吉樓發現，前來赴約的女孩竟然是被他拋棄的瑪瑞安娜，他中了伊莎貝拉的計！

安吉樓氣得要殺死克勞地歐，幸虧維也納公爵回城。他懲罰安吉樓的虛偽，下令安吉樓娶瑪瑞安娜。公爵自己愛上聰明漂亮的伊莎貝拉，和她結為夫妻。

劇中的安吉樓是個偽君子，

要以「不道德」罪名處死別人，自己卻不能遵守道德，這是《惡有惡報》的主題。

瘟疫期間，莎士比亞偶爾會和劇團，到國王各地的宮廷表演。1603 年的聖誕節慶祝期間，莎士比亞和他的團員為國王演出七齣戲，他也粉墨登場。似乎從此之後，他只專心創作劇本和製作新戲。

莎士比亞的詩和劇本臺詞，常常流露他做演員的心得。例如：「爛演員站在舞臺上，由於怯場，把飾演的角色擱於一旁。」又說：「好像一個笨拙的演員，我現在已經忘記了我扮演的角色。」他還說：「正如在戲院裡，觀眾的眼睛隨著表現精彩的演員離開舞臺，然後呆望接著上場的演員，心想：他的話多幼稚囉嗦！」

他剛上臺演戲，一定有怯場的時候。幾年下來，已經能輕易

控制表情和身段。他在劇本裡談到怎麼演戲:「一邊說話,一邊轉頭看四面八方,發抖……或者面露猙獰,都像強擠笑容一樣,任我隨心所欲表現。」

他不僅是一個好演員,還是一個好導演,他在劇本裡寫出演好戲的訣竅:「說出戲詞,我請你們,照我對你們發音的方式,在舌尖輕輕跳躍……動作配合語言,語言配合動作,特意遵守這原則,你們不會有超過自然適度的過分演出。」這與中世紀盛行的激情誇張動作,是兩種截然不同的表演方式。

20 悲劇作家與歌舞劇作家

　　1604 年 2 月瘟疫逐漸撲滅，莎士比亞再回到倫敦，他搬入新的住處，房東芒特喬依是一個製造婦女昂貴頭飾的商人。他想把女兒瑪麗嫁給學徒史蒂芬，央求莎士比亞說媒。我們的大導演一向熱心助人，接下任務後鼓動口舌，努力勸說史蒂芬，他尤其強調芒特喬依答應給女兒一筆豐厚的嫁妝，將來女婿還可以繼承遺產，說動了心意不定的史蒂芬，願意娶瑪麗為妻。

　　莎士比亞高高興興的去喝喜酒，沒有想到麻煩在後頭呢！

　　搬入新居，莎士比亞開始撰寫新戲《奧賽羅》。奧賽羅是一個北非摩爾族的黑人，他帶領威尼斯人擊敗土耳其，升任為大將軍。他的成功令白人助手伊阿茍

非常妒嫉，挑撥離間奧賽羅和白人愛妻黛絲蒂摩娜的感情，讓奧賽羅誤會妻子愛上別人。他沒有調查清楚，就憤怒的殺死妻子。當他了解到妻子其實清白無辜，已經無法挽回愛妻的生命，便羞愧的自殺。

奧賽羅的悲劇，在於他對妻子多疑善妒，也刻劃出黑人在白人社會受到的歧視與壓力，是一齣探討種族主義的深刻作品。

接下去的四年，他創作了一齣又一齣的悲劇：《雅典的泰蒙》、《李爾王》、《馬克白》等等，以《安東尼與克利歐佩特拉》達到巔峰。

《雅典的泰蒙》是說富有而慷慨大方的雅典人泰蒙，不幸淪入貧窮，環繞在身邊的朋友都跑得遠遠的，沒有人願意幫忙他。後來，他又得到財產，可是他對雅典人，甚至對所有人類都感到

厭惡，覺得人性醜陋自私。他也不認為大量金銀珠寶，就能買到真正持久的人生幸福，於是離開文明的雅典城，跑到荒野去。

有人考證，指出這齣戲是莎士比亞和另一位年輕編劇湯瑪士·宓斗騰合作寫成的。他們兩人還合作了《惡有惡報》和《馬克白》。其實，莎士比亞流傳到今天的劇本，很多都是根據別人的劇本改編，或是與他人合作的成果。

《李爾王》敘述兩位糊塗父親造成的悲劇。一個是昏庸的老國王李爾王，聽信長女和次女的花言巧語，把國土分給她們，而把說真話的小女兒嫁給法國國王，剝奪她的財產繼承權。後來長女和次女對他很壞，把他趕到野外，他才明白只有小女兒真心對他好。

另一位糊塗父親是李爾王的

大臣葛羅切斯特伯爵，他聽了私生子艾德芒的挑撥，以為兒子艾德佳要殺他，而把艾德佳逐出家門。艾德芒勾結李爾王的二女兒，把去拯救李爾王的葛羅切斯特伯爵眼睛挖掉。伯爵氣得要自殺，被艾德佳救回。

李爾王的小女兒率領法國軍隊來與兩個壞姐姐作戰，不幸被艾德芒逮捕，在獄中見到也被逮捕的李爾王，父親向女兒道歉，父女重新和好。

艾德佳去向艾德芒挑戰，擊敗艾德芒。李爾王的長女和次女都愛上艾德芒，爭風吃醋吵吵鬧鬧，長女毒死了次女後自殺。艾德芒早先已下令處死李爾王和小女兒，艾德佳派人去拯救李爾王父女，可惜太遲了，小女兒已被處死，李爾王也在悲傷絕望中離開人世。

編寫與導演悲劇比寫喜劇要

沉重多了，我們可以想見莎士比亞那些年中，情緒經常浸淫在悲劇人物的命運裡，與可憐的劇中人一起情緒起伏。不過，寫悲劇並不一定表示作者本身的遭遇淒苦。莎士比亞失去獨生子時，可算是他一生裡最悲傷的時期，他卻在《亨利四世》中創造了一個肥胖又膽小的喜劇角色符斯塔夫，接下去幾年，他還寫了一連串喜劇。

反倒是逐漸克服喪子之痛後，莎士比亞開始寫出一連串悲劇。我們只能說，當一個劇作家的創作生命成熟時，他很自然的想到嘗試戲劇的最高形式──悲劇。喜劇讓觀眾開心大笑，但只有悲劇，才會讓觀眾透過眼淚的洗滌，看清人性的許多弱點。明白締造悲劇的原因，觀眾才能從悲劇裡學到更深刻的教訓。因此在西方，悲劇的地位一向比喜劇

高。

1604 年 8 月，英國與西班牙簽訂和平條約，結束了二十年的戰爭。國王劇團被召到宮廷裡演戲給西班牙特使觀看。

詹姆士國王特別高興，下令大肆慶祝。這年宮廷的聖誕歡宴，從 11 月初持續到隔年 2 月底，國王劇團演出十一場，至少有七場是莎士比亞的劇本：《奧賽羅》、《溫莎的風流婦人》、《惡有惡報》、《錯中錯》、《空愛一場》、《亨利五世》和《威尼斯商人》。他們也演了兩齣班・強生的喜劇。

強生現在可神氣了。他到處告訴別人他的蘇格蘭血統，他也迎合皇后的奢華作風。伊麗莎白女皇時代的宮廷化妝舞會，遠不如新國王的宮廷舞會鋪張講究。強生和一位建築家瓊斯設計豪華布景，讓皇后與貴族們穿戴奢侈

昂貴的服裝飾物，載歌載舞，表演輕歌舞劇。有一次，強生把皇后和一群仕女打扮成黑人，演出一場戲《黑色清真寺》，她們真樂壞了。

　　往後幾年，強生忙著為皇后創作輕鬆好玩的歌舞劇，而莎士比亞，則把全部心力放在悲劇創作上。

21 完成四大悲劇

　　1605 年，莎士比亞又花了一筆大錢——四百四十英鎊，在史特拉福買下一塊土地。到目前為止，莎士比亞在倫敦名利雙收，可是他在倫敦一直租別人的房子住，錢都拿回故鄉買地買房子，故鄉在他心目中，永遠是最想長住的地方。

　　那年聖誕節期間，國王劇團為詹姆士國王演了十場戲。國王看得很過癮，可是他忍不住對莎士比亞說：「我已經看了不少你編的戲，那些歷史戲不是取材自英格蘭歷史，就是外國歷史。你也應該從蘇格蘭歷史裡找材料，我的祖先也有許多動人的故事啊！」

　　「謝謝陛下的建議，我會試試看。」

　　「還有，我的親戚丹麥國王

克瑞思欽四世夏天要到英國訪問，你那齣《哈姆雷特》說的是丹麥王子的故事，會讓國王陛下覺得很親切。」

「是的，我們劇團到時候一定會演出這齣戲。報告陛下，《哈姆雷特》不但在英國很受歡迎，到處都有人引用其中的戲詞，而且許多外國劇團也都在他們國家演出《哈姆雷特》呢！」

「謝謝你為英國創造光榮！」

受到詹姆士國王鼓勵，莎士比亞開始找尋蘇格蘭的歷史故事，他發現馬克白的傳說很適合改編成劇本。馬克白是一個野心很大的貴族，受到三個女巫和太太的煽動，悄悄殺死他的國王，坐上國王的寶座。但他和妻子都禁不起良心譴責，日日生活在恐懼悔恨中，最後更被正義的軍隊打敗殺死。

劇中最有名的臺詞是馬克白

聽到愛妻死去的消息，突然覺得他們費了那麼大勁篡奪王位，風光坐上寶座，結果卻是一場虛空，因此覺得人生無趣：

人生只是一個走動的影子，一個爛演員，在舞臺上昂首闊步，大聲怒罵，消耗時間，然後下臺無聲。人生也是一個故事，出自白痴口裡，充滿聲音和憤怒，但毫無意義。

莎士比亞很快編完這齣悲劇。丹麥國王克瑞思欽四世夏天訪問英國時，果然看到《哈姆雷特》和《馬克白》兩齣戲。克瑞思欽四世對敘述丹麥王子復仇的《哈姆雷特》特別有興趣，而詹姆士國王第一次看蘇格蘭歷史戲《馬克白》，誇讚莎士比亞的劇本寫得好。

「沒有想到，你會把一段枯燥的歷史，寫成讓人看得透不過

氣來的一齣戲。」

《馬克白》、《李爾王》、《奧賽羅》、《哈姆雷特》，後來被人們認為是莎士比亞寫的悲劇裡，最偉大的四齣戲。它們到今天仍然不斷在世界各地上演，比希臘悲劇還要受人注意。

這四大悲劇都以家破人亡結束，裡面都有許多邪惡的小人；但是，四齣戲的男主角遭遇淒慘，不能全怪別人陷害，也不能完全指責命運殘酷，他們本身個性上的缺點，多少促成悲劇的發生。

哈姆雷特優柔寡斷，好幾次放過動手復仇的時機；馬克白自己有篡奪王位的野心，才會受到愛妻和女巫的挑動；李爾王喜歡聽諂媚的話，把國土分給花言巧語的大女兒和二女兒，而趕走誠實卻真心愛他的小女兒；奧賽羅不信任愛妻，才會中了別人的挑

撥計。他們都地位顯赫，不是國王、王子，就是大將軍，可是他們不是神，像一般百姓也有個性缺點，而這些缺點最後奪去他們和家人的性命。所以，莎士比亞的悲劇被稱為「性格悲劇」，讓觀眾看後學到教訓。

接下去，莎士比亞又寫了《考利歐雷諾斯》以及《安東尼與克利歐佩特拉》兩齣戲。羅馬大將軍安東尼和埃及女王克利歐佩特拉的愛情故事，也是一齣教人掉眼淚的悲劇。安東尼就是《凱撒大帝》裡那個口才一流，會煽動人民的羅馬將軍。他消除刺死凱撒的反對勢力後，和同陣營的渥大維發生權力爭奪。他愛上凱撒的女友埃及女皇，兩人的異國愛情，和他的羅馬將軍身分衝突。結局是安東尼戰死，女王讓毒蛇咬死自殺。這是莎士比亞寫的最後一齣悲劇。

22 親人的出嫁 死亡與誕生

　　1607 年春天，莎士比亞收到家裡來信，告訴他二十四歲的大女兒蘇珊娜要結婚了。新郎是一個有名的醫生約翰・霍爾，他的名氣傳遍全英國，甚至傳到海外。他把醫治過的各種病例編成一本書《看病記》，原文是拉丁文，因為得到好評，在他死後二十年，被人翻譯成英文重新出版。

　　霍爾為了娶蘇珊娜，買下一棟寬敞的房子，有兩人的新房，也有看病人的診所和藥房。

　　處處是濃密樹蔭與美麗花朵的 6 月，四十三歲的莎士比亞回到史特拉福，愉快的主持了女兒的婚禮。

　　婚禮當天晚上他回到家中，看到蘇珊娜的空房間，不由得感

觸很深，他對太太安說：「我們的小蘇珊娜剛生下來，哇哇大哭，好像才是昨天的事。」

「可不是嗎？一轉眼她已出嫁，離開了家。」安坐在蘇珊娜的床上說。

「以後，家裡只剩下妳和茱蒂斯，住在這麼大的房子裡，前後又是花園和果園，我很擔心妳們的安全。」

「我也想過這個問題。我想請湯瑪斯·葛林一家住過來，他是遠方表親，算是自己人。他的兩個小孩好可愛，會為我們的大房子帶來熱鬧的氣息。」

「很好的主意。不過，我們必須告訴他們，當我退休回來長住時，他們得另外尋找住處。」

葛林一家同意這個條件。莎士比亞並未急著趕回倫敦，因為瘟疫又開始蔓延，劇團正在外地巡迴演出。他一直待到10月底，

才與劇團在倫敦會合。12月28日，他們到皇宮為國王的聖誕宴會演戲。

皇宮慶祝聖誕節總是非常熱鬧，但莎士比亞的心情卻是極端的沉痛，他最小的弟弟愛德蒙得病死了。這年的最後一天，12月31日，愛德蒙被安葬在離環球劇場不遠的聖救世主教堂。

愛德蒙抱著演員夢到倫敦發展，到底為哪一家劇團演出，並沒有確實記錄。可惜他還沒達到哥哥的成就即去世。愛德蒙的死，讓莎士比亞的母親十分傷心，幾個月後，她也去世了。

她把亨利街住了四十幾年的房子留給老大莎士比亞。莎士比亞以非常低的價錢出租給妹妹、妹夫一家居住。他另外兩個沒有結婚的弟弟住在別處，很可能繼續經營父親的手套店。

失去小弟與母親的兩個沉重

打擊中間，莎士比亞的小外孫女伊麗莎白出生了。伊麗莎白出生於 2 月，讓第一次當外公的莎士比亞非常高興。

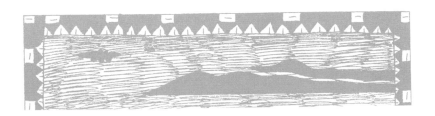

23 外公的轉變

　　每次想到家鄉有個粉紅色的可愛小外孫女，莎士比亞就忍不住微笑，很自然的想寫一些輕鬆活潑的愛情戲。

　　也可能是他寫了四年悲劇，覺得有些厭煩了。還有一個原因，是劇院的改變，影響到他的新創作路線。

　　在倫敦曾經受到歡迎的皇后宴會兒童劇團，後來停止演出，他們使用的黑修道士劇院空了出來，被莎士比亞和朋友們買下。

　　於是，國王劇團有了兩個完全不同的演出場所。環球劇場很大，可以容納兩、三千觀眾，包括社會各階層的人士。一半的觀眾站在中間看戲，他們比較貧窮；買得起坐票的觀眾地位較高。環球劇場的最大缺點是開敞

通風，冬天很冷。

黑修道士劇院小多了，只有兩、三百個座位，沒有站位，是一個很舒服的劇院。但它的票價比環球劇場貴多了，來看戲的人比較有錢，教育程度也比較高。它的缺點是舞臺太小，不能上演大規模的戲，所以它一向是兒童劇團的演出場所。

有兩位年輕的劇作家畢歐芒特和佛萊切爾，為兒童劇團寫過不少適合在黑修道士劇院演出的劇本。國王劇團請他們繼續為黑修道士劇院編新戲。他們果然寫了一連串甜美動人的愛情劇，跟現實生活沒有什麼關聯。

莎士比亞自己，也開始寫一些適合在黑修道士劇院上演的喜劇，像《波里克利斯》，男主角經歷重重冒險，最後被他以為已經去世的女兒瑪瑞娜拯救。接下去的幾齣戲，劇情也是環繞著年

輕可愛的女主角發展。這些都可以看出小伊麗莎白對外公的影響。

　　國王劇團買黑修道士戲院時借了一些錢，他們需要還清，於是陸續把莎士比亞的劇本《李爾王》、《波里克利斯》、《脫愛勒斯與克萊西達》賣給出版社。不過，前兩個劇本印刷得很差，有些後人懷疑是盜版。

　　《脫愛勒斯與克萊西達》是莎士比亞幾年前寫的一齣戲。他三十四歲時，倫敦出版了一本由喬治・查普曼翻譯的古希臘史詩《伊里亞德》，原作者據說是盲眼詩人荷馬。這本史詩敘述希臘一個城邦斯巴達的美麗皇后海倫被特洛伊國的王子帕瑞思拐走，希臘各城邦組織聯軍渡海包圍特洛伊，兩國長期對抗期間發生的一件件動人故事。查普曼的翻譯本在倫敦熱賣，給了莎士比亞寫

作劇本的靈感，他把重點放在一對年輕男女身上，他們是特洛伊的脫愛勒斯以及希臘的克萊西達，雖然兩人的國家彼此敵對，他們卻身不由己愛上對方。

莎士比亞在這齣戲裡，不僅訴說一對戀人不敵政治仇恨的悲劇，也藉著一個希臘軍人的口，指責為一個女人發動戰爭的荒謬以及戰爭流露的殘酷人性。

他從前出版的書也不斷的再版。喜歡他的讀者太多了，出版社甚至打著莎士比亞的名義，印行一些不是他寫的，曾經被國王劇團演過的劇本，例如《一齣約克夏爾的悲劇》。

24 出版
十四行詩集

　　四十五歲那年，莎士比亞出版了他的《十四行詩集》。也有人猜測，出版商並沒徵得莎士比亞的同意，因為他寫的十四行詩十多年來只在好朋友間流傳，並沒打算給外面人看。

　　詩集裡總共有一百五十四首十四行詩。有些歌頌友情，述說朋友的支持如何讓他在困境中得到力量；有些描寫時間的無情流逝，勸告他的朋友快點結婚生子，以綿延後代去戰勝時間的銷毀力量；或者安慰朋友他的詩篇可以傳世，因此他對朋友的歌頌使朋友可以永遠活在不朽的文字裡；也有很多訴說別後相思的纏綿情詩。

　　詩裡最常出現的兩個人物，男的比莎士比亞年輕英俊，有一

頭褐色髮絲；女的黑髮、黑眼、深色皮膚。有幾首詩敘述他們三人之間，有一種三角戀愛的奇特關係。他坦白表達對這年輕男子的愛意，但也會抱怨他搶奪莎士比亞的女友。很多人就猜想這一男一女到底是誰？

書上印著：「獻給W.H.先生」，究竟是出版商的意思，還是莎士比亞獻給他的男性摯友？

有人說，W.H.是贊助他出版的貴族南安普敦伯爵亨利·瑞歐樂斯理，姓氏與名字的第一個字母。他認識莎士比亞時只有二十歲。

有人猜是當年只有十二歲的威廉·賀勃特，他的母親常在家中招待眾多詩人，如果真是這樣，莎士比亞的「年輕男友偷走他女友的心，獻給另一位詩人」，指的是小男孩和他的母親。

　　還有人說，W. H. 是一位牛津學生亨利・威羅夫比姓氏與名字的第一個字母。他的詩裡提到曾經向好友 W. S. 抱怨失戀的痛苦，因為 W. S. 剛從類似經驗走出來。威廉・莎士比亞名與姓第一個字母剛好是 W. S.，而且他還說到莎士比亞的《露克利絲之劫》。

　　不論哪種說法，都沒有絕對清楚的證據，證明 W. H. 的身分。

　　關於那位女子，也有許多猜測。有人說她是牛津一間客棧的老闆娘，莎士比亞來回倫敦與家鄉路上，常在那裡休息。也有不少人把當時皮膚深色，黑髮黑眼，又有名氣的女子一個個拿出來猜測與莎士比亞的關係。同樣的，沒有一項說法絕對可信。

　　如果莎士比亞真的是雙性戀者，他為什麼敢在詩裡公開？他死後三百年的英國社會，把同性戀作家王爾德關入牢獄，難道伊

麗莎白女皇一世統治下的英國風氣非常開放嗎？

因此，莎士比亞十四行詩裡說的那些撲朔迷離的感情，也許是另一種形式的戲劇。英詩裡常常敘述一件故事，雖用第一人稱的「我」，但不一定講作者本身的經歷。比莎士比亞晚三世紀的英國詩人羅伯‧勃朗寧，也創作劇本，在他詩裡出現的「我」，有貪婪好色的大主教，多疑善妒的公爵，甚至是精神錯亂的殺人犯，和現實裡的詩人本身經歷毫無關係。

莎士比亞透過十四行詩建立的感情世界，也如同他創造的無數戲劇，真假難辨，引人遐思。

25 幾首十四行詩

現在，讓我們來欣賞幾首莎士比亞的十四行詩。

十四行詩，也有人根據英文 sonnet 的發音翻譯為商籟。每首分成四組，前三組都是四行一組，第一與第三行的最後一字（韻腳）必須押同韻，第二與第四行的韻腳相同。最後一組只有兩行，押同韻腳。

讓我們來看莎士比亞的一首十四行詩，你就明白它的格式：

第十八首

我可否把你比做夏天？

你更可愛更適度；

暴風會將五月的親愛花蕾搖顫，

夏季的契約太短促；

有時候天空的眼睛照耀太熾熱

他金色的膚色有時變陰暗；

美好的事物都有老去的一刻，

偶然的、或被自然的季節更替奪去光彩容顏；

然而你永恆的夏日不會腐壞，

也不會喪失你擁有的美麗；

死神也不會誇口你在他的陰影下徘徊，

你隨著時間活在不朽的詩行裡。

只要人們一息尚存，眼睛能讀及，

這首詩就會活著，賦予你活力。

英國的夏天很涼爽，白日很長，人們可以在戶外活動，是一年中最討人喜歡的季節，所以莎士比亞用夏天來比喻他的情人。但他的情人比夏天更可愛，因為夏天也有刮大風、陰天或太熱的時候；而且，夏天匆匆忙忙就過去了，綠樹紅花都會枯萎，情人的美貌一樣會消逝。不過莎士比亞相信，他的十四行詩可以流傳

到後世，每當人們欣賞他的詩，讀到他讚揚情人生命裡最美的時刻，他的情人不就戰勝時間，永遠保持年輕嗎？把太陽形容成天空的眼睛，陰天是天空「金色的膚色有時變陰暗」，都是很別緻的比喻。

第二十九首

每當遭遇不幸，被人們看賤
我獨自哭泣孤立被棄的處境，
以無用的哭喊打擾耳聾的上天，
瞧不起自己，詛咒我的宿命，

但願我像那充滿希望的人，
外表像他，一樣擁有朋友，
渴望有這人的才藝，那人的機運，
我最喜愛的卻最少享受；

這些想法讓我幾乎輕視自己，
偶然間想到你 —— 然後我的心情，
彷彿雲雀在破曉時分飛起

離開陰沉的大地，在天堂的門口高吟讚美經；

因為想到你甜美的愛帶給我的寶貝
使我不屑和國王交換地位。

這首十四行詩分為兩部分：前九行一而再，再而三的訴說自己如何的不幸，如何的羨慕別人擁有的一切。第十句開始轉折，因為詩人想到他的好友對他的愛和支持，心情便如雲雀，從陰沉的大地向上衝到雲霄裡的天堂，他覺得自己比國王還富足。前九行的低沉晦暗和後五行的高昂光明形成強烈的對比，給予讀者極大的震撼，好像在沙漠裡快要飢渴而死的人突然嚐到冰涼甜美的果漿，是這首詩最成功的地方。

第一百三十首

我情人的眼睛絲毫不像艷陽；
珊瑚遠比她的朱唇嫣紅；

若說雪色純白，為何她的胸部灰蒼；
若說髮絲如線，黑線生長她的頭頂。

我曾見雜色玫瑰，紅白錯間，
但從未在她頰上見過如此玫瑰；
有些香氣聞之甘甜
遠勝我情人呼吸的異味。

我喜愛聽她說話，但很清楚
音樂聲籟更加歡暢；
我承認未見過仙女移步；
我情人行走時，腳腳踩踏地上。

然而，向天發誓，我視情人為稀珍
一如任何被虛假比美亂稱讚的女人。

這首十四行詩寫得非常俏皮。莎士比亞似乎有意跟別的詩人唱反調，人家都在詩裡讚美他們的情人眼睛像太陽，嘴唇似紅櫻桃，酥胸如雪，吐氣如蘭，講話比唱歌悅耳，走路飄飄似仙，

莎士比亞偏偏把他的情人做完全顛倒的描述。他好像有意告訴那些詩人:「你們的形容太誇大,太不切實際;何況,我才不相信你們每個人的情人都貌美如仙,世界上哪有那麼多漂亮『美眉』?」他的情人並不特別美麗,他仍深愛她,這種愛情才更了不起。

26 半退休狀態

　　1609 年，倫敦再度爆發瘟疫，劇院遭到長期關閉，劇團被迫到各地表演，莎士比亞一年大部分時間都待在家鄉。他已經四十五歲了，對於近年瘟疫一再造成劇院歇業十分厭煩，於是想退休回歸故鄉。妻子安對於他的決定最高興。

　　「但我不能說走就走，必須給劇團一年時間，尋找代替我的劇作家。」莎士比亞說。

　　「沒問題，我們一家可以再住一年，幫你照顧房子。」湯瑪斯・葛林從旁插嘴。

　　但是，第二年情況並沒有改善，倫敦的瘟疫又關閉了戲院。四十六歲的莎士比亞決定放棄在倫敦租的房子，退休回家鄉。但他的筆仍然沒停下來，完成劇本

《冬天的故事》。

《冬天的故事》原來的作者，就是曾經指桑罵槐大罵「沙士辛」的葛林，他已去世多年。故事述說一個妒嫉心很強的國王理昂特斯，懷疑妻子賀蜜昂愛上別人，還生下孩子。他把賀蜜昂關起來，又把小女嬰丟到偏僻的沙灘上等死。

賀蜜昂死在監牢裡，小女嬰倒是被牧羊人收養，取名珀蒂塔。長大後和一個年輕人佛羅瑞佐墜入情網，他們發現佛羅瑞佐的父親，就是當年被理昂特斯國王冤枉為王后男友的那個人。於是，珀蒂塔就回去與理昂特斯國王相認。

國王看到他以為已經死去的女兒，明白當年的誤會，很後悔做錯事。他們聽說某地有一個雕像，非常像去世多年的王后，他們就一起去看。原來，雕像是賀

蜜昂假裝的，她以裝死的方式逃出監牢，偷偷躲起來過日子。國王為他從前的愚蠢向妻子和女兒道歉，一家團圓。

奇怪的是，自 1610 年莎士比亞退休返回家鄉到去世的幾年中間，倫敦再也沒有發生瘟疫。所以，莎士比亞有時仍會回到倫敦，處理劇團的事。

27

最後
一齣劇本

　　莎士比亞讀到一些報導，敘述一艘叫喬治‧桑瑪士爵士號的船在百慕達沉沒的經過，以及生還者的訪問。他覺得沉船的故事很有戲劇性，腦裡開始構思一個海難的劇本，寫出他一生最後的，也是最可愛的一齣戲《暴風雨》。

　　《暴風雨》裡充滿了巫術。米蘭公爵帕拉思普羅是一個魔法師，不幸被兄弟安東尼歐趕出宮廷，帶著女兒麥鸞妲漂流到一座荒島。帕拉思普羅把島上的女巫西口瑞克絲關在一棵樹內，她死在那裡。她的兒子卡力本只好替帕拉思普羅做佣人。

　　有一天，帕拉思普羅知道他的兄弟安東尼歐和一群貴族正在海上遊玩，就命令精靈愛瑞歐以

巫術製造一場暴風雨，使得整船貴族漂流到島上。

帕拉思普羅對這些貴族施行魔法，準備報復他的兄弟安東尼歐。可是，他的女兒麥蘭妲卻和其中一位貴族費迪南墜入情網；僕人卡力本也想趁機推翻帕拉思普羅的統治，他說動貴族們的兩位僕人一起行動，還打算把麥蘭妲搶過來。

他們的詭計沒有成功，麥蘭妲嫁給了心愛的費迪南。愛也感動了帕拉思普羅，放棄報復計畫，與安東尼歐和解，將島嶼歸還給卡力本，釋放精靈愛瑞歐。

莎士比亞的劇本裡經常出現魔法，魔法雖然有強大的力量，但是，魔法也容易變成邪惡的報復工具。莎士比亞往往讓劇中人以更強烈的愛與寬恕，戰勝邪惡的魔法。

1611 年 11 月 1 日，《暴風

雨》在皇宮裡第一次上演，為皇家的聖誕慶祝活動揭開序幕。接下去，國王劇團演出《冬天的故事》等二十二齣戲，一直演到第二年的 4 月。

當莎士比亞準備回家鄉時，他收到法庭通知，到法庭作證。他八年前在房東芒特喬依要求下，出面勸服芒特喬依的學徒史蒂芬娶芒特喬依的女兒瑪麗。現在史蒂芬告到法院，說他岳父答應的嫁妝大大縮了水。

史蒂芬的律師當著法官的面詢問莎士比亞，芒特喬依是不是答應給多少多少嫁妝，將來又會給多少多少遺產，莎士比亞茫然的搖著頭：「很抱歉，不記得了，不記得了。」

天天動腦筋想劇本的他，真的忘記了別人的家務事，何況，還是八年前的舊事。莎士比亞做完證後，匆匆趕回史特拉福。

　　莎士比亞退休後，國王劇團的劇本由兩位年輕人畢歐芒特和佛萊切爾負責。他們寫的新戲也很賣座，可惜，畢歐芒特後來娶了一位繼承大批遺產的女子，他就停筆不寫了。佛萊切爾一個人沒辦法創作，他一面找尋合作伙伴，一面要求莎士比亞幫忙。

　　住在家鄉的莎士比亞因此並沒閒著。他常常想好故事的大綱和人物，交給佛萊切爾去完成細節。《卡登尼歐》是他們兩人合作的一齣戲，可惜後世再也找不到這個劇本。這齣戲和莎士比亞的其他戲，在慶祝公主伊麗莎白和貴族派拉丁結婚的一連串宴會上表演。

　　婚禮前一天晚上演的戲是《暴風雨》。莎士比亞也上臺演了一個角色為新人祝福。慶典持續了好幾個月，不幸的是，王子亨利突然去世，使大家很悲傷。

28 環球劇場的不幸

莎士比亞自從回到家鄉過退休生活，反而懷念起倫敦的許多好朋友，例如班‧強生和約翰‧鄧恩，都是英國文學史上大名鼎鼎的文學家。他們曾經定期在每個月的第一個星期五聚餐，說說笑笑十分快樂。莎士比亞於是動起在倫敦買房子的念頭，可以兩邊居住。他向朋友借了錢，買下黑修道士劇院附近一間小房子。

莎士比亞過完四十九歲生日兩個月後，他與佛萊切爾合作的新戲《亨利八世》在環球劇場上演。這齣戲說的是亨利八世和皇后凱薩琳離婚的故事。亨利八世出場時，有個演員朝空開了一槍，製造音響效果，不幸打到茅草屋頂，立刻冒起火苗，火勢蔓延得十分快，大家搶著逃生，一

個鐘頭內整個劇場就倒塌成一片灰燼與焦木。幸好觀眾都及時跑出劇場，只有一個人屁股著火，他機智的用一瓶啤酒滅掉了火。

莎士比亞和國王劇團的一些演員，曾經把一片片木頭從另一個劇院拆卸下來，蓋起環球劇場。他們設計了特別的舞臺，又在劇場演出無數齣戲，眼看劇場被無情的大火迅速吞沒，他們真是傷心極了。幸運的是，燒毀的只是一些老舊的戲服，莎士比亞的手寫劇本保存在別處，或被搶救出來。

由於這場大火的打擊，莎士比亞把他在國王劇團的股權讓給別人，以後多數時間都待在家鄉。

他兩個未婚的弟弟吉爾伯特和理察去年相繼去世，沒有人照顧他們父親留下的手套店，莎士比亞就結束手套生意，把房子租

給別人開旅館。妹妹瓊有三個兒子，住在莎士比亞父母遺留在亨利街的老房子內。

莎士比亞的女兒蘇珊娜生了伊麗莎白後，沒有再生育。她受到別人惡意毀謗，由莎士比亞替她澄清指控。

史特拉福的生活不如倫敦多彩多姿，除了和家人相處，他也常去看望兒時玩伴，大家都老了，他們也沒有倫敦的朋友有學問，但是聊起童年時代的許多趣事，仍然很開心。朋友都很敬愛這位成了大名，仍然不擺架子的老玩伴。

29 生命終點

　　新的環球劇場很快建好了，它的屋頂不再是茅草鋪成，而是瓦片覆蓋。莎士比亞興致高昂前往倫敦參加開幕典禮，並且欣賞新戲《一對高貴親戚》，這也是他幫忙佛萊切爾寫成的劇本，根據中世紀英國著名大文豪喬叟的一齣悲喜劇＊改編。

　　在倫敦，他和好友班・強生見面。強生告訴他，他很重視自己的劇作，準備把所有的作品印成一套全集。這番話如同雷打在莎士比亞耳邊，讓他大受震撼。相比之下，莎士比亞對自己的作品實在太不當一回事了！他寫過好多叫好又叫座的劇本，有一半從沒出版，如果要印刷成書，他

放大鏡

＊悲喜劇是一種結合喜劇與悲劇的戲劇。

得好好整理一下。那些已經印成書的，有很多錯誤。四部被人盜印的劇本，更是錯得可笑。

多年來，他為國王劇團的演出不斷提供新劇本，忙得沒有時間去留意出書。如今退休了，佛萊切爾也找到合作寫劇本的人，他擁有渴望已久的大把時間，為什麼不將所有的作品修改整理，印成全集呢？

回到史特拉福後，他便開始修改舊作。

小女兒茱蒂絲要結婚了，新郎是莎士比亞老朋友理察‧昆尼的兒子，叫做湯瑪士‧昆尼。理察當過史特拉福的鎮長，可是他的兒子卻老惹麻煩，莎士比亞反對這門親事，茱蒂絲仍然堅持在2月10日嫁給湯瑪士。

他們的婚禮也沒有得到主教同意；主教找湯瑪士去談話，他避不見面。一個月後，有人控告

他讓另一個女人瑪麗‧惠勒懷了孩子。惠勒和孩子不久都死了。法院判決湯瑪士必須連著三個星期天披掛白布上教堂，表示他犯了錯。他覺得太丟臉，以付罰款了事。

　　莎士比亞受到這些羞辱，悶悶不樂。他感到健康大不如前，他已經五十一歲了，在醫藥不發達的 17 世紀初葉，那是老阿公的年紀。他計劃替後事做準備，請人來立下遺囑。

　　幾星期後，莎士比亞生了重病＊。他又請人來更改遺囑，1616 年 3 月 25 日簽下名字。遺囑裡面只提到留給太太安「我第二好的一張床和家具」，很多人覺得莎士比亞對安太無情。其實，那時

放大鏡

＊有一種傳說，他在倫敦和班‧強生等文學界的好友會面，大家喝了很多酒，莎士比亞回去後發起高燒。在 3 月的春寒裡，他被送回九十英里外的史特拉福。

代很多遺囑都提到把床留給太太。床代表房間，主臥房由女兒蘇珊娜和丈夫居住，安住的是第二大的房間。依照習俗，太太擁有三分之一財產，不需要在遺囑裡指明。

小女兒的婚姻雖然令莎士比亞生氣，他仍給茱蒂絲一百鎊嫁妝，並給她五十鎊，作為過讓房子產權給蘇珊娜的補償。

莎士比亞讓妹妹瓊一家繼續住亨利街的房子，只收低微的租金。給她的三個孩子各五鎊和莎士比亞所有的衣服。

他贈送史特拉福的八位老友錢或紀念品，十鎊給家鄉的窮人。他也沒有忘記在倫敦的哥兒們，送一些錢給劇團的老友約翰·海明吉、亨利·岡代爾以及理察·柏比紀＊，讓他們買戒指。他們自從二十多年前在宮廷總管劇團一起演戲，就和莎士比

亞成為親如家人的哥兒們。

　　莎士比亞主要的產業，指定由大女兒蘇珊娜和她將來的男性後代繼承，可見十七世紀的英國人，也像同時代的中國人一樣重男輕女。莎士比亞一直到死，心裡都很遺憾他的兒子漢姆奈特死得太早。

　　他的妹夫威爾・哈特病逝，於4月17日下葬。一個星期不到，在莎士比亞五十二歲生日當天，4月23日，他也離開了人間。4月25日，家人將他安葬在五十二年前受洗的教堂聖壇前，並請工匠在牆上雕刻紀念碑，俯看著他的墳。

放大鏡

＊理察・柏比紀是當時公認的頂尖演員。一份文件顯示他和莎士比亞曾經合作為一位貴族製作盾牌模型，柏比紀負責繪畫和打造，莎士比亞或許負責設計圖樣和構想上面的題詞。

30 永垂不朽的劇神與詩人

　　莎士比亞走完了人生之路。他在十四行詩裡，一再提到沒有人能夠對抗時間的吞噬；要戰勝時間，只有兩種方法：第一，生育後代延續生命。在兒女身上，我們不是可以看到父母的影子嗎？第二，透過文字保存一個人的形象與名聲。

　　莎士比亞常常以第一個理由勸人生養子女，可惜他沒料到，他自己的後人並沒有再為他傳宗接代。大女兒蘇珊娜一生只有一個女兒伊麗莎白，伊麗莎白結過兩次婚，都沒生下一兒半女。小女兒茱蒂絲生過三個兒子，但都夭折。莎士比亞因而沒有直系後代，只有他妹妹的旁系後人一代傳一代。真正讓莎士比亞名聲代代相傳的，是他的文字。

　　三、四百年來，不斷有後人懷疑沒有上過大學的莎士比亞，會寫出那些文詞優雅，詩意十足，涵意深刻的劇本。有人說，莎士比亞的遺囑只交代遺產的處理，例如床給太太，房子給女兒等，而沒提到他的劇本留給誰，這遺囑像是一個鄉下老阿公的口吻，沒有大學者的氣息。

　　這些說法都很可笑。其實，莎士比亞並沒有忘記他的一生心血，他臨死前，就已拜託最好的劇團老友約翰・海明吉和亨利・岡代爾，替他整理所有的劇本。他們花了七年時間，到處尋找莎士比亞的原稿，終於替莎士比亞出了一套全集，包含三十六齣劇本。

　　沒有他們的努力，莎士比亞一半的劇本，包括《第十二夜》、《馬克白》、《安東尼與克利歐佩特拉》、《暴風雨》等

等晚期作品，可能都會失傳；
《亨利五世》等錯誤百出的盜版
也沒有機會修正。

　　和莎士比亞同時代的劇作家
班・強生，替莎士比亞全集寫了
序，題目是〈追憶我喜愛的大師
威廉・莎士比亞──以及他給予
我們的遺產〉。

　　班・強生本身很有學問，也
寫過許多劇本，他相當自負，序
文中指出莎士比亞的拉丁文程度
不高，希臘文知識更少，其實，
以今天眼光來看，莎士比亞對這
兩種古老語文的知識已經很豐富
了。

　　除此之外，強生給予莎士比
亞極高的評價。他認為英國的偉
大文學家如喬叟與史賓賽，雖然
光榮的埋在西敏寺，有紀念碑，
可是，葬在史特拉福小教堂的莎
士比亞永遠活在讀者的讚美裡，
他不需要墓碑紀念他的偉大。

強生認為，連那些文學史上著名的希臘與羅馬悲劇或喜劇作家，也不如莎士比亞。他引以為榮的呼喊：

勝利，我的英國同胞，
你們有一位大師可自豪，
全歐洲舞臺向他致敬。
他不屬於某個時代，
而是不朽於千秋萬世！

這話出自驕傲自大的強生口中，可見他對莎士比亞佩服得五體投地，莎士比亞的創作怎會出自別人之手呢？

到今天，莎士比亞的劇本仍在全世界上演，研究他和他的作品的博士論文多如牛毛，他真的如強生說的，不只是英國人的驕傲，也是人類共同敬仰的劇神和詩人。

莎士比亞

由於留下的莎士比亞相關資料甚少，經學者研究，大部分事蹟僅可推測而得大致年代。

1564 年	誕生於雅芳河畔的史特拉福小鎮。
1570 年	在鎮上唯一的學校上學，一直到十五、六歲畢業。
1582 年	娶比他大八歲的安·海薩威為妻。
1583 年	大女兒蘇珊娜出生。
1585 年	雙胞胎女兒茱蒂絲和兒子漢姆奈特出生。
1587 年	離開家鄉，前往倫敦求發展。在倫敦史傳吉爵士劇團擔任演員。不久，在一個偶然情況下，修改了一齣戲的劇情，得到很好的效果。後來便編起新戲，很受觀眾歡迎。
1589 ～ 91 年	可能撰寫了《亨利六世》。
1592 年	倫敦爆發瘟疫，返回家鄉。
1592 ～ 94 年	撰寫《維納斯與阿都尼斯》詩集與《理查三世》、《維洛那二紳士》、《錯中錯》等劇本。
1593 年	出版敘事詩集《維納斯與阿多尼斯》。
1593 ～ 94 年	撰寫《露克利絲之劫》、《馴悍記》。
1594 ～ 95 年	撰寫《空愛一場》。
1594 ～ 96 年	撰寫《約翰王》。
1595 年	撰寫《理查二世》，同年該劇第一次演出。同年也撰寫了《仲夏夜之夢》，該劇可能是為婚禮而編的。撰寫《羅密歐與茱麗葉》。

1596 年	唯一的兒子漢姆奈特去世，給莎士比亞很大的打擊。撰寫《溫莎的風流婦人》；耶誕節時該劇在女王面前盛大演出。
1596 ～ 97 年	撰寫《威尼斯商人》、《亨利四世》。
1598 年	演出班・強生的第一部重要喜劇《人人皆幽默》。
1598 ～ 99 年	撰寫了《無事自擾》一劇。
1599 年	撰寫了《凱撒大帝》、《亨利五世》、《皆大歡喜》。
1600 ～ 01 年	撰寫《哈姆雷特》。
1601 ～ 02 年	撰寫《第十二夜》、《脫愛勒斯與克萊西達》、《終成眷屬》。
1603 年	伊麗莎白女王去世。為慶祝新國王詹姆士六世，演出《皆大歡喜》。同年，倫敦爆發黑死病。
1604 年	撰寫《惡有惡報》、《奧賽羅》。
1605 年	回故鄉購買一塊大土地，建造自己的房子。撰寫《李爾王》、《馬克白》。
1606 年	撰寫《安東尼與克利歐佩特拉》。
1608 年	國王劇團租下黑修道士劇院，請莎士比亞繼續為他們寫劇本。因黑修道士劇院的場地較小，莎士比亞寫出與前作不同的甜美愛情劇。
1609 年	出版十四行詩，但是沒有作者簽名。倫敦再度爆發瘟疫，返回家鄉。
1610 ～ 11 年	撰寫《冬天的故事》。
1611 年	撰寫《暴風雨》。
1612 ～ 13 年	與佛萊切爾合撰《亨利八世》。演出時意外發生火災，環球劇院因此燒毀。
1616 年	病逝。

國家圖書館出版品預行編目資料

吟詩的劇神：莎士比亞／張純瑛著;李蓉繪.－－初版
四刷.－－臺北市：三民，2019
面；　公分.－－(兒童文學叢書／世紀人物100)

ISBN 978-957-14-4400-0　(平裝)

1.莎士比亞(Shakespeare, William, 1564-1616)－傳
記－通俗作品

784.18　　　　　　　　　　　　　　　94023871

© 　吟詩的劇神：莎士比亞

著 作 人	張純瑛
主　　編	簡宛
繪　　者	李蓉
發 行 人	劉振強
著作財產權人	三民書局股份有限公司
發 行 所	三民書局股份有限公司
	地址　臺北市復興北路386號
	電話　(02)25006600
	郵撥帳號　0009998-5
門 市 部	(復北店)臺北市復興北路386號
	(重南店)臺北市重慶南路一段61號
出版日期	初版四刷　2019年1月修正
編　　號	S 781740

行政院新聞局登記證局版臺業字第○二○○號

有著作權·不准侵害

ISBN　978-957-14-4400-0　(平裝)

http://www.sanmin.com.tw　三民網路書店

※本書如有缺頁、破損或裝訂錯誤，請寄回本公司更換。